Theological Reflections
on

THE PROBLEM OF USURY

Abdulaziz F. Al Mubarak

New Dialogue Press
Binghamton, New York
1999

Library of Congress Cataloging-in-Publication Data

Abdulaziz F. Al-Mubarak, *Theological Reflections on the Problem of Usury*

1. Theodicy 2. Philosophical Theology

ISBN 1-883058-93-7

Published by New Dialogue Press

Distributed by
Global Publications
Binghamton University
Binghamton, NY 13902-6000
Phones: (607) [777-4495, 777-6104] Fax: (607) 777-132
E-mail: pmorewed@binghamton.edu
www site: http://ssips.binghamton.edu

رِسَالَةٌ

في

أمر الربا

لكل مسلم ومسلمة

طبعة

منقحة ومزودة

بقلم: عبدالعزيز بن فهد المبارك

مُقدِّمة

الحمد لله رب العالمين والصلاة وأتم التسليم على سيد الأولين والآخرين، وأما بعد:

إن الرسالة التي بين يديك تبحث في أمر الربا وهو جَلَل وخطير. جاء في الحديث:

١) "عن أبي هريرة رضي الله عنه قال: قال رسول الله صلى الله عليه وسلم: الربا سبعون جزءا، **أيسرها مثل أن ينكح الرجل أمه**"[٣٦] ما أفظعه -نعوذ بالله من ذلك.

٢) "وعن علي (رضي الله عنه) أنه سمع رسول الله صلى الله عليه وسلم **لعن** آكل الربا، وموكله، وكاتبه، .." [٣٧] اللهم أجرنا من ذلك.

فهو في صلب العقيدة من **الكبائر** ومعروف في **مجمله، وكل مسلم يحرمه**. والمشكلة العضال بشأنه تكمن في **تفصيل ماهيته**. لذلك **اختلف** الناس بصدده من عهد الخليفة الثاني عمر وعلى ما يبدو إلى أبد الدهر. هذا بالرغم عما في القرآن والسنة بشأنه من **إجمال و تفصيل**، غير أن الناس فيه لا يزالون على **اختلاف كبير**. إنه **يمس المعاش والعقيدة**. وهو كما يؤكد العلماء من "**أشكل** الأبواب على **كثير من أهل العلم**" (أنظر الفقرة ١-جـ). وفي اعتقادي أن الأقوال بالعموميات فيه غير كافية ولا هي للمستيقنين بشافية. وإذاً لا مناص **بشيء من التفصيل** بشأنه لكل مسلم ومسلمة. فما هو بالهزل ولا هو قابل لقول فصل يغني عما سواه. لذلك لا بد لك أن تحشد **كل** تركيز تستطيعه فلعلك بذلك تستجلي **بكامل** فكرك ما في هذا القول أو ذاك من **زبدة ونتيجة**، تغنيك وترضيك، فعسى أن يريك الله بها الحق حقا ويرزقك اتباعه والباطل باطلا ويرزقك اجتنابه.

تأهب **واسأل الله** أن يجعل لك من أمرك رشدا، وإلى شاطئ الأمن والأمان ينيخ رحلنا ورحلك أبدا، وبالذات في شأن ما أنت إن شاء الله مقبل على قراءته، **استبصاراً للحق** بسبيل صواب لا يشوبه أي شنآن، وذلك مرضاة لرب العبادْ.

والسلام علينا وعليكم ورحمة الله وبركاته.

عبدالعزيز بن فهد المبارك

بسم الله الرحمن الرحيم

ما استشكل في أمر الربا على عمر
سيظل كذلك في أمة محمد ﷺ على مر الدهر

الحمد لله رب العالمين الذي يحكم بين خلقه في ماهم فيه يختلفون، اللهم اهدنا للحق فيما عبادك فيه يختلفون، والصلاة والسلام على نبينا ورسول الهدى محمد بن عبد الله ﷺ وأما بعد:

١- إن مشكلة الربا لمن **أعضل وأشكل** المسائل عند المسلمين في الماضي والحاضر. فمع كثير غيره من المهتمين بأمر الربا يقول الإمام إبن كثير، رحمه الله، الشهير بتفسير القرآن : "إن باب الربا من **أشكل** الأبواب **على كثير من أهل العلم**[١]". ما دام الأمر كذلك **فما بالك بالذين هم من غير أهل العلم** ؟ ولنبدأ من عهد الصحابة رضي الله عنا وعنهم أجمعين.

✸ ✸ ✸

٢- من المعروف أن لعمر بن الخطاب رضي الله عنه مناقب كثيرة: فمن شجاعة فذة، إلى فراسة ثاقبة، إلى عدل مميز، إلى قول الحق بلا هوادة. ولعديد مناقبه رضي الله عنه امتدحه المصطفى ﷺ في أمور كثيرة. ومن خيرة ما قاله فيه: "لو كان بعدي نبي لكان عمر بن الخطاب"[٢] وقوله عليه السلام "إن الله جعل الحق على لسان عمر وقلبه"[٣]. وشأن الخليفة الثاني رضي الله عنه، غني عن البيان عند المسلمين في كل مكان.

✸ ✸ ✸

٣ -جاء في"**المحلى**" للعلامة والفقيه الكبير الإمام ابن حزم رحمه الله أن عمر بن الخطاب رضي الله عنه قام خطيبا فقال:

أ- "إنا والله ما ندري لعلنا نأمركم بأمور لا تصلح لكم ولعلنا ننهاكم عن أمور تصلح لكم وأنه كان من آخر القرآن نزولا آيات الربا فتوفي رسول الله ﷺ قبل أن يبينه لنا فدعوا ما يريبكم إلى ما لا يريبكم" [٤].

كذلك فان عمر بن الخطاب رضي الله عنه قال:

ب- **"تركنا تسعة أعشار الحلال مخافة الربا"**[٤].

وفي العصر الحديث فإن فضيلة الشيخ العلامة عبدالرحمن بن قاسم النجدي رحمه الله قد أكد في كتابه "**حاشية الروض المربع**"(٤/٤٩٠) أن الربا قد استشكل "**على كثير من أهل العلم، حتى ود عمر أن الرسول ﷺ عهد إلينا فيما فيه شائبة الربا عهدا ننتهي إليه**".

وما أكثر **الإشكال والمبالغة** في الربا من **كثير من أهل العلم والأكثر من غير أهل العلم** في أيامنا هذه خاصة.

✸ ✸ ✸

٤- يا ترى ما الخطب في أمر الربا حيث **استشكل** حتى على عمر؟ هل من قلة فهم من عمر؟ معاذ الله أن يكون ذلك! هل الرسول ﷺ قصر في هذا الصدد؟ حاشا والله أن يكون ذلك! إذا ما الخطب؟ خصوصا في ضوء الآيات الكريمة والأحاديث الشريفة التالية:

أ- ﴿ وما كان ربك نسيا ﴾ مريم:٦٤.

ب-﴿ وقد فصل لكم ما حرم عليكم ﴾ الأنعام:١١٩.

جـ-﴿ اليوم أكملت لكم دينكم وأتممت عليكم نعمتي ورضيت لكم الإسلام دينا ﴾ المائدة:٣.

د-﴿ ياأيها الذين آمنوا لاتأكلوا الربا أضعافا مضاعفة﴾ آل عمران:١٣٠.

✸ ✸ ✸

٥- يتضح من هذه الآيات الآنفة الذكر أن الله **لم ينس** شيئا أبدا كذلك فإنه ﷻ قد **فصّل** لنا ما حرم علينا. كيف لا ونحن في كنف دين **أكمله الله لنا** وهو الذي أحسن كل شيء خلقه سبحانه، وبذلك فقد **أتم نعمته علينا ورضي لنا الإسلام دينا كاملا متكاملا**. طبعا الكل يقر أن الله منزّه عن النسيان، لكن أين **التفصيل** في أمر الربا ؟ إنه من **الكبائر الموبقات ومرتكبه قد آذن بحرب من الله ورسوله ضد نفسه وسعى بطوعه واختياره إلى لعنة الله والناس أجمعين والخزي والخلود في جهنم يوم الدين** -نعوذ بالله من ذلك. فأمر بتلك الخطورة **لا بد وأن يفصل بأوضح المعاني وأشمل وأمنع المباني مما قل ودل**، حتى لا يكون هناك أي مجال للالتباس- **وقد فعل الله ذلك وقد فعل رسول الله ذلك**. وعليه لو استقصينا آيات الربا في القرآن الكريم لوجدناها كالآتي :

أ-﴿ الذين يأكلون الربا لا يقومون إلا كما يقوم الذي يتخبطه الشيطان من المس ذلك بأنهم قالوا إنما البيع مثل الربا وأحل الله البيع وحرم الربا....﴾سورة البقرة:١٧٥.

ب-﴿ يمحق الله الربا ويربي الصدقات....﴾سورة البقرة:١٧٦.

ج-﴿ يا أيها الذين آمنوا اتقوا الله وذروا ما بقي من الربا إن كنتم مؤمنين﴾سورة البقرة:٢٧٨.

د-﴿ يا أيها الذين آمنوا لا تأكلوا الربا أضعافا مضاعفة ....﴾سورة آل عمران:١٣٠.

هـ-﴿ وأخذهم الربا وقد نهوا عنه وأكلهم أموال الناس بالباطل ﴾سورة النساء:١٦٠.

في ضوء الآيات الكريمات الآنفة الذكر يصبح جليا **لكل متدبر** لها أن الربا ورد على إطلاقه إلا في موضع واحد، في الآية الكريمة ١٣٠ من آل عمران، حيث ورد **معينا** بـ"**أضعافا مضاعفة**". لماذا يا ترى ؟ انه لحكمة إلهية وإشارة **تفصيلية** لكل زمان ومكان، بما في ذلك الواقع الآني (حينذاك) عند الذين نزل القرآن بلسانهم، **والفصاحة والبيان** من

ألمع شمائلهم، فهم **بالإشارة يفهمون** وخير القول عندهم **ما قل ودل**؛ وقد كان **الربا** من جملة معاملاتهم. فما هي صورة الربا عندهم آنذاك؟ إن تدبر معنى "**أضعافا مضاعفة**" يعطينا المعنى الصحيح **من الحديث الشريف** (انظر فقرة ٧ فيما يلي)؛ **والمأثور والتفسير**؛ وكذلك من **المنطق السليم بالاستنباط المستنير**. إن الله وهب للإنسان عقلا لتمييز الأمور؛ والإنسان على **فعل عقله به معاقب أو مأجور**- فإما جهنم أو جنات الخلود. فمن مجموع تلك المصادر، دعونا ننظر ونتدبر. فمثلا :

و- يقول الإمام ابن حزم رحمه الله في شرحه لما جاء في الآية الكريمة "**أضعافا مضاعفة**" :

> "كان الرجل في الجاهلية إذا كان له على إنسان مائة درهم إلى أجل، فإذا جاء الأجل و لم يكن المدين واجداً لذلك المال قال زد في المال حتى أزيد في لأجل، فربما جعله **مائتين**، ثم إذا حل الأجل الثاني فعل مثل ذلك، ثم إلى آجال كثيرة، فيأخذ بسبب تلك المائة **أضعافا مضاعفة** " (٤).

ز- أما الإمام الطبري رحمه الله في تفسيره لـ "**أضعاف مضاعفة**"، فإنه يتم من خلال وصفه للعلاقة بين الدائن والمدين إذ يقول رحمه الله :

> "يأتيه (أي الدائن لمدينه) فإن لم يكن **عنده أضعفه في العام القابل** فإن لم يكن عنده **أضعفه أيضا** فتكون **مائة فيجعلها إلى قابل مائتين** فإن لم يكن عنده جعلها **أربعمائة يضعفها له كل سنة أو يقضيه**. قال : فهذا قوله "لا تأكلوا الربا أضعفا مضاعفة " (٥).

ويقول الإمام الطبري رحمه الله في "**جامع البيان في تفسير القرآن**"(٣-٦٧-دار المعرفة) :

> "وإنما قيل للمربي مرب **لتضعيفه** المال الذي كان له على غريمه حالا".

ح- و الإمام ابن حجر رحمه الله فإنه يعطي بصدد "**أضعافا مضاعفة**"، أوضح معنى وأتم وصف حيث يقرنها بما هي **من أجله نزلت وصفا وتفصيلا** منه ﷻ. يقول الإمام:

> "يقرضه **الشيء بمثله**... إلى أجل على أن يأخذ منه **كل شهر قدرا معينا و رأس المال باق بحاله**، **فإذا حل طالبه برأس ماله**، فإن تعذر عليه الأداء زاد في الحق والأجل. **وتسمية هذا نسيئة** مع أنه يصدق عليه ربا الفضل أيضا **لأن النسيئة هي المقصودة فيه بالذات.... وكان ابن عباس** رضي الله عنه **لا يحرم إلا ربا**

النسيئة محتجا بأنه **المتعارف عليه بينهم** (أي بين العرب في الجاهلية) **فينصرف النص إليه**"[٦].

ط- كما جاء في "**المغني**" للإمام ابن قدامه رحمه الله:

"عن ابن عباس، وأسامة بن زيد، وزيد بن أرقم، وابن الزبير، أنهم قالوا : **إنما الربا في النسيئة** لقول النبي ﷺ (**لاربا إلا في النسيئة**). رواه البخاري. والمشهور من ذلك قول ابن عباس ثم إنه رجع إلى قول الجماعة"[٧].

ي- ويواصل صاحب "**المغني**" قائلا :

"وقال سعيد بإسناده عن أبي صالح قال: **صحبت ابن عباس حتى مات فوالله ما رجع عن الصرف**. وعن سعيد بن جبير قال : سألت ابن عباس قبل موته بعشرين ليلة عن الصرف فلم ير به بأسا وكان يأمر به " [٧].

وغني عن البيان أن **الصرف** يعني بيع الأثمان ببعضها **بفضل** والتقابض بين كل من يهمه الأمر. ومن **المقاصد** في البيع **الزيادة**. والربا أيضا **زيادة**؛ ولكن بون شاسع بين هذه الزيادة وتلك. فهذه **مشروعة، ولا تقوم المعيشة إلا بها** -فهي من **مستلزمات** البيع والشراء والأخذ والعطاء. وتلك الزيادة **ممحوقة تقوض المعيشة، بزيادة الفقير فقرا وإتخام الغني جورا**، فظلمها فاضح وضررها واضح. و **ماهية** هذه **عند الكل معلومة** و **ماهية** تلك عند **الأكثر مجهولة**.

✸ ✸ ✸

٦- إن الآية الكريمة رقم ١٣٠ من سورة آل عمران حسب قول ابن عباس رضي الله عنهما " **تنصرف** " **إلى المتعارف عليه في الجاهلية**. وإذا هي جاءت **لتفصل** لنا **الربا**، كما سنبين بعد قليل، إن شاء الله، حتى لا يكون للناس حجة وتكون **مصداقا وسنداً** للآية الكريمة ١١٩من سورة الأنعام التي أكدت بكلمة " **قد** " إذ تقول :

﴿ وقد فصل لكم ما حرم عليكم ....﴾ ".

والقرآن يفسر ويصدق ويساند بعضه بعضاً. وكذلك الأمر في السنة المطهرة أيضا بالنسبة للقرآن ولذاتها.

✸ ✸ ✸

٧- وأما أحاديث المصطفى ﷺ في الربا فهي أيضا جلية مثل ضوء الشمس في يوم صحو وجو صاف؛ فلنستنر بجلها وجلالها. فمع أنها **جلية متكاملة، إلا أن البعض استشكل بعضها**. وهذا **الإستشكال ليس فيها ولا منها بل من الذين لا يفقهونها حق فقهها**.

أ. "عن عثمان بن عفان ﷺ أن رسول الله ﷺ قال: 'لا تبيعوا الدينار بالدينارين ولا الدرهم بالدرهمين'. رواه مسلم والبيهقي ومالك والشافعي".

ب. "عن أبي سعيد الخدري ﷺ قال جاء بلال إلى النبي ﷺ بتمر برني فقال ﷺ : 'من أين هذا ؟' قال بلال كان عندي تمر رديء فبعت منه صاعين بصاع لنطعم النبي ﷺ فقال النبي ﷺ عند ذلك : "أوّه أوّه، عين الربا، عين الربا، لا تفعل ولكن إذا أردت أن تشتري فبع التمر ببيع آخر ثم اشتره" رواه أحمد والبخاري ومسلم".

جـ. "عن سعيد بن المسيب أن أبا هريرة وأبا سعيد حدثاه أن رسول الله ﷺ بعث أخا بني عدي الأنصاري واستعمله على خيبر فقدم بتمر جنيب فقال له رسول الله ﷺ : 'أكل تمر خيبر هكذا؟' قال لا والله يا رسول الله انا لنشتري الصاع بالصاعين من الجمع فقال رسول الله ﷺ: 'لا تفعلوا ولكن مثلا بمثل أو بيعوا هذا واشتروا بثمنه من هذا' رواه البخاري ومسلم والدارمي".

د. "عن أبي سلمة بن عبدالرحمن عن أبي سعيد ﷺ قال : كان رسول الله ﷺ يرزقنا تمرا من تمر الجمع فنستبدل به تمرا هو أطيب منه ونزيد في السعر فقال رسول الله ﷺ : 'لا يصلح صاع تمر بصاعين ولا درهم بدرهمين' رواه أحمد والبخاري ومسلم والنسائي وابن ماجة".

هـ. "عن أبي نظرة عن أبي سعيد الخدري ﷺ قال : أتي رسول الله ﷺ بتمر فقال : 'ما هذا التمر من تمرنا !' فقال الرجل: يا رسول الله بعنا تمرنا صاعين بصاع من هذا. فقال رسول الله صلى الله عليه وسلم: 'هذا الربا فردوه ثم بيعوا تمرنا واشتروا لنا من هذا' رواه مسلم وأحمد".

و. "عن سعيد الجريري عن أبي نظرة قال سعيد : لقد جاء بعض فتيان رسول الله ﷺ بتمر فأنكره فقال 'كأن هذا ليس من تمر أرضنا!' قال كان في تمر أرضنا – أو في تمرنا – العام بعض الشيء فأخذت هذا وزدت بعض الزيادة فقال : 'أضعفت أربيت لا تقربن هذا، إذا رابك من تمرك شيء فبعه ثم اشتر الذي تريد من التمر' رواه أحمد ومسلم".

ز. "عن أبي سعيد الخدري ﷺ عن النبي ﷺ : 'لا تبيعوا الدرهم بالدرهمين فإني أخاف عليكم الرما' والرما هو الربا".

حـ. كذلك خطبة عمر ﷺ على منبر رسول الله ﷺ بالنهي عن شراء الدينار بالدينارين والدرهم بالدرهمين والقفيز بالقفيزين. نقله الطحاوي.

ط. روى عبادة بن الصامت ﷺ عن النبي ﷺ قال:

"لاتبيعوا الذهب بالذهب إلا مثلا بمثل والفضة بالفضة إلا مثلا بمثل والتمر بالتمر إلا مثلا بمثل والبر بالبر إلا مثلا بمثل والملح بالملح إلا مثلا بمثل والشعير بالشعير إلا مثلا بمثل فمن زاد أو أزاد فقد أربى بيعوا الذهب بالفضة كيف شئتم يدا بيد وبيعوا البر بالتمر كيف شئتم يدا بيد وبيعوا الشعير بالتمر كيف شئتم يدا بيد"رواه مسلم [١٠] .

✸ ✸ ✸

٨-قبل أن نسترسل في موضوعنا هذا جدير بنا أن نلفت النظر إلى **أمر بديهي** هو أنه **بادئ ذي بدء** كل مسلم يتعلم كلمات تتعلق **بالدين** لهن **أشد الأثر وأكبره على حياته وتصرفاته ليلا أو نهارا، سراً أو علانية**؛ ذلك لأنهن من **صلب عقيدته الإسلامية**؛ ولكل واحدة من تلك الكلمات **معنيان مرتبطان لغة ومختلفان شرعا**، فهناك المعنى **اللغوي** والمعنى **الشرعي**. وطبعا **فيما يتعلق بالدين الأخذ والعمدة على المعنى الشرعي**. فمثلا أركان الإسلام الخمسة : أ- الشهادة ب- الصلاة جـ- الزكاة د- الصيام هـ- الحج. إن كل كلمة من هذه الكلمات لها معناها **اللغوي** ومعناها **الشرعي**. كذلك كلمة "**الجنة**" أو "**النار**" فإن المعنى **اللغوي** لكل منهما **يختلف** عن المعنى **الشرعي**. وغني عن البيان البون الشاسع بين تعريف "**الجنة**" أو "**النار**" **لغة** أو كما عرفهما الإسلام (**شرعا**).

أ. **الشهادة** : أ. المعنى **اللغوي** هو من " شهد " أي علم علما يقينا وأقر (أقر أي أعلن وأعلم).

ب. المعنى **الشرعي** : وهو العلم اليقيني والإقرار بأن لاإله إلا الله وأن محمدا رسول الله وأن لا معبود في الوجود **بحق** إلا الله؛ فهنا شهادتان مرتبطتان كارتباط وجهي العملة الواحدة لذا يشار إليهما بالشهادة.

ب. **الصلاة** : أ. المعنى **اللغوي** هو الدعاء.

ب. المعنى **الشرعي** هي **عمل محدد** يتوجب قبله غسل أو وضوء ثم الدخول في الصلاة بالتكبير ومراعاة أركانها وواجباتها ثم الخروج منها بالتسليم.

جـ. **الزكاة** : أ. المعنى **اللغوي** مشتق من "زكا" أي زاد وصلح وحسن.

ب. المعنى **الشرعي** هو المال الذي يؤديه المسلم صدقة عن ماله حسب قواعد **معينة** يرجو بها مرضاة الله وزكاء (نمو وحفظ) مال المزكي.

د. **الصوم** : أ. المعنى **اللغوي** هو الامتناع عن الأكل والشرب لأي سبب وهدف.

ب. المعنى **الشرعي** هو الامتناع عن الأكل والشرب والشهوة وجميع مفطرات الصوم الشرعية من الفجر إلى المغرب وذلك طاعة لله ورجاء ثوابه.

هـ. **الحج** : أ. المعنى **اللغوي** هو القصد والقدوم إلى شيء ما، فالمكان يحج إليه لطيب هوائه أو منظره مثلا والشخص يحج إليه للاستفادة من علمه وخلقه مثلا.

ب. المعنى **الشرعي** هو القدوم إلى بيت الله الحرام والطواف حوله ثم إدراك عرفه وذلك في أوقات محدودة من السنة وإتمام جميع أركان وواجبات الحج كما بينها رسول الله صلى الله عليه وسلم وذلك من أجل أداء الركن الخامس للإسلام مرضاة لله لمن استطاع إليه سبيلا.

✸ ✸ ✸

٩- يتضح مما تقدم أن **المعوّل عليه دينيا** هو المعنى **الشرعي** لكل من الشهادة والصلاة والزكاة والصوم والحج والجنة والنار؛ **أما المعنى اللغوي فيتخذ دورا جانبيا ضئيلا إن لم نقل يصير نسيا منسيا!** وهكذا فإن الشرع أكبر وأجل من أن يكتفي بالمعنى **اللغوي** للكلمات **المتعلقة بالدين**، خصوصا إن كانت تلك الكلمة تؤدي معنى **وزينا وذا شأن** - وكل المفردات الدينية كذلك، كما في حالة **الربا** أعاذنا الله وإياكم منه-آمين.

✸ ✸ ✸

١٠- ومما لا شك فيه أن لكلمة " **الربا** " وزنا **ثقيلاً ثقيلاً ثقيلاً**، حيث أن من يتعامل به **محلا له يخرج من الملة محاربا لله ورسوله**، وتوعده الله بنار جهنم **خالدا** فيها مذموما مدحورا، نعوذ بالله من ذلك ونسأله العافية والسلامة، **ولا يوجد على ظهر الأرض من يشهد أن لاإله إلا الله وان محمدا رسول الله يحل الربا أو حتى يخطر بباله ذلك؛** والتعامل بالربا **دون تحليله** هو بمثابة من **يهزأ** بآيات الله ومصيره **الخلود** في النار-نعوذ بالله من ذلك ونسأله العافيه. وهذا أيضا لا يخطر ببال أحد من المسلمين، **وجوهر الخلاف والاختلاف** بصدد الربا يتركز في **ماهية** الربا، أي :" **ما هو الربا ؟"ولا مشكلة قط في تحريم الربا عند جميع المسلمين.**

✸ ✸ ✸

١١- **الربا** : أ. المعنى **اللغوي** هو من " ربا " أي نما وزاد كالمال عندما يستثمر ويزيد.

ب. المعنى **الشرعي** هو ذلك الربا الذي جاء تحريمه في القرآن الكريم مطلقاً، إلا في آية واحدة تفصيلاً، مصداقا لقوله تعالى: ﴿وقد فصل لكم ما حرم عليكم﴾الأنعام:١١٩، وتفصيله:

﴿ لا تأكلوا الربا أضعافا مضاعفة ﴾سورة آل عمران : ١٣٠(انظر الفقرة ٤).

وأحاديث الرسول ﷺ الآنفة الذكر **تفصل الربا تفصيلاً**، وهي للبيب وغيره تصرح **بالتضعيف** تكريرا، مثلا: "**دينار بدينارين**" ، "**درهم بدرهمين**" أو" **صاعين بصاع**" ، "**الصاع بالصاعين**"، ثم تبين وتحدد **بتعريف شامل مانع** بـ : "**أضعفت أربيت**". أما بالنسبة لكلمتي "**زاد**" و "**ازداد**" في حديث عبادة بن الصامت رضي الله عنه فيجب أخذهما في إطار **التضعيف**. لماذا؟ (**أولا**)صريح ومرمى الآية الكريمة ١٣٠ من سورة آل عمران؛ (**ثانيا**) حديث : "**أضعفت أربيت**". (**ثالثا**)بين حديث "**لا ربا إلا في النسيئة**" (انظر الفقرة ٥-ط) وحديث "**أضعفت أربيت**" تكوّن "**سياق ومقتضى حال**" **يوجبان** حمل المطلق على المقيد، حسب القاعدة الأصولية، فالحمد لله رب العالمين.وحبر الأمة و ترجمان القرآن، والشخص الذي دعى له الرسول ﷺ قائلا : "اللهم علمه الحكمة وتأويل الكتاب"؛ وقال عنه مجاهد:

"كان ابن عباس يسمى البحر من كثرة علمه..فكان إذا فسر الشيء رأيت عليه النور"(٩) .

وقيل لطاووس "أدركت أصحاب محمد ﷺ ثم انقطعت إلى ابن عباس ؟ فقال:أدركت سبعين من أصحاب محمد ﷺ إذا تدرؤوا (اختلفوا) في شيء انتهوا إلى قول ابن عباس" (١٠) .

هذا الحبر وترجمان القرآن كان يقول بصدد الآية الكريمة :

﴿ لاتأكلوا الربا أضعافا مضاعفة ﴾سورة آل عمران:١٣٠.

إنها " **تنصرف** " **إلى ما كان معمولا به في الجاهلية** كما أسلفنا.

وهذا منطق سليم وتأويل رجيح من عقل رزين من ذلك الحبر الكبير الذي يقول فيه الخليفة الثاني عمر بن الخطاب رضي الله عنه: "قد طرأت علينا عضل أقضية أنت لها ولمثلها" (٨) .

✵ ✵ ✵

١٢-كذلك فإنّا لو **تدبرنا** الأحاديث الشريفة الآنفة الذكر لبان أنها تساند الآية الكريمة **تفصيلا**، منه ﷺ مرارا وتكرارا لما جاءت به الآية الكريمة مرة واحدة **للمجلين** لما "**قل ودل**" (وهل هناك من لا يجلُّ ذلك؟)، في صدد **الضعف والتضعيف**. ومهمة الرسول هي **تبيان الحق لأمته على لسانهم**، فهو لهم رسول **مبين**:

﴿ وما أرسلنا من رسول إلا بلسان قومه ليبين لهم ﴾سورة إبراهيم: ٤.

وبما أن **الربا** من السبع الموبقات **فالتيقن** بشأنه **كما شرعه الشارع الحكيم لا كما يظن أي مجتهد أو مجتهدون مهما سمت السمعة لذلك أو أولئك؛ فالأمر دين وفي شأن تحريم** -وعليه فإنه لمما يوجب الحرص كل الحرص على **التثبت** من الأمر؛ مثله في ذلك كمثل **الزنا**. فإن الشارع في أمر الزنا قد حرص كل الحرص على **التثبت** منه وطالب مدعيه **بأربعة شهود، رجال، ذكور، عدول، أحرار، مسلمين قد رأوا "الميل في المكحلة"** (انظر الفقرة ٣١-جـ) فالشارع

في مسألة خطيرة كالزنا لم يكتف بعدد الشهود **كالعادة** ولا بالشهادة **المعتادة**، بل إنه أمر **بأكثر** من **ضعّف** عدد الشهود وشرع **بأدق** من **التضييق** في **كيفية** الشهادة. فكذلك في شأن ما هو **أخطر** من الزنا ألا وهو **الربا** فإن الشارع قد **فصله** وبعظيم الوعيد قد **خوف** منه، فهل أكثر أو أكبر من **لعنة الله وخلقه** -نعوذ بالله من ذلك- **في الدنيا والخلود في نار جهنم في الآخرة**؟ إذا فلا بد من **الاستيقان من وقوعه في ضوء السنة والقرآن، لا بالظن** أو **الاستحسان**، إلا **احتياطا ظاهرا -أي تورعا ذاتيا لا للكل لزوما شرعيا**. ولعمري أن أمر الشارع في أمر الربا **لواضح**، لكن **الاستشكال من كثير مستفهميه واقع** (انظر الفقرة ١٣ أدناه) فلا حول ولا قوة إلا بالله.

* * *

١٣- حتما لايسرك أن يرميك أحد **بالربا أو الجهل أو التشدد أو الغلو**. إذن عليك أن تعامل الناس بمثل ما تحب أن يعاملوك به، قد لا تعلم أو تعلم ونسيت أن القهوة في بداية تاريخها قد حرِّمت من بعض **الفقهاء بل والحكام في بقاع مختلفة من العالم** على أنها **مسكرة** أو أنها **سامة!** وحاليا يكاد لايوجد بيت على وجه البسيطة يخلو من القهوة. وهذا ليس قياسا بقدر ما هو مثل **لتداول** الأيام فيما يراه ويرضاه الناس في مختلف العصور والأزمان. **أما الحلال والحرام**، وإن **اختلفت** أنظار الخلق حولهما إلا أنهما **حق لايتبدل أبدا**، إذ أنه **تنزيل من العزيز الرحيم وتقنين من الشارع الحكيم** الذي لايأتيه الباطل من بين يديه ولا من خلفه ولا يكون الباطل منه شيئا، فسبحان الله والحمد لله رب العالمين. فإذا قصر فهم الناس عن **ماهية الربا وتفصيله كما في الكتاب والسنة** فذلك من سوء منظوراتهم أو عيوب في مفاهيمهم. كما قال الشاعر :

الحكمة لله وللرسول من بعده كاملة   فإن عز الفهم فذاك من نقص عند المستفهم

أو كما قال أبو الطيب المتنبي :

ومن يكن ذا فم مرٍّ مريض   يجد مرا به الماء الزلال

فيا أخي الحذر كل الحذر من الاعتساف، كأن تقول هذا **حرام**، إلا ماحرم الله ورسوله وجاء **نص بشأنه في كتاب الله أوسنة رسوله، أوتطابق قياسه "من جميع الوجوه للمنصوص على تحريمه" في الكتاب أو السنة**؛ كما يقول الإمام ابن القيم رحمه الله (انظر الفقرة ٢٧-جـ) وكما يمليه المنطق السليم -ذلك **أن الأصل في الأشياء أنها حلال**، مالم تحرم **بعينها** او **يتطابق قياسها** تطابقا **كليا** مع ما جاءت به الشريعة السمحة والحكيمة، الصالحة لكل زمان ومكان لأنها تنسجم مع الفطرة والمنطق السليم محكّها (ميزانها). قال عز من قال:

﴿هو الذي خلق لكم ما في الأرض جميعاً﴾سورة البقرة:٢٩.

﴿وسخر لكم مافي السموات والأرض جميعا منه﴾الجاثية:١٣.

١٤- إن للشارع الحكيم حكمة بل حكم فيما يبديه لخلقه؛ وهذه أو تلك قد **تخفى على الجميع توا وقد تتبدى للقليل آجلا**. فعندما يريد الشارع للناس أن يفهموا شيئا معينا **فهما لا لبس فيه** فإنه **يبينه بمنتهى الدقة** -إما **بصريح القول المحدد** أو **أخيه**، أي "**التوقيف**". مثلا :

أ- قول الحق ﷻ : ﴿فاغسلوا وجوهكم وأيديكم إلى المرافق .. ﴾المائدة:٦

فكلمة "**المرافق**" **حددت ما يجب غسله من اليد** -فهو ليس إلى الرسغ ولا إلى الكتف **كما يمكن أن يفهم وبحق** لولا هذا **التحديد**. إذا هذا **التحديد أزال كل التباس وإمكانيته**.

ب- قول الحق : ﴿ ... هن لباس لكم وأنتم لباس لهن ... ﴾ سورة البقرة:١٨٧.

ما أجمل هذا التعبير وأحلاه وما أبعد معانيه ومراميه. فبوجيز القول يستطيع الإنسان أن يستنبط منه كثيرا من المعاني فعلى سبيل المثال لا الحصر :

١. إن الزوجين سكن وراحة لبعضهما.

٢. إن الزوجين لحاف ودفء لبعضهما.

٣. إن الزوجين وقاية من المعاصي الجنسية.

٤. إن الزوجين ستر من أوجه عديدة.

٥. إن الزوجين اختصاص لكل منهما.

٦. إن الزوجين زينة لكل منهما.

٧. إن الزوجين عناق وضم بالتفاف كل واحد للآخر كالثياب على مرتديها.

٨. إن الزوجين وعاء لبعضهما.

٩. يحق للزوجين رؤية عورة بعضهما.

١٠. ينبغي أن يكون بينهما تقارب إن لم يكن تساوي لبعضهما من أوجه عديدة كالدرجة العلمية، الثقافة العامة، السن، الجسم، المعالم، الحالة الإجتماعية، الإقتصادية ... الخ.

جـ- قول الحق : ﴿غلبت الروم في أدنى الأرض﴾ سورة الروم:٣.

فكلمة "**أدنى**" فُهمت لأمد طويل بمعنى **بالقرب** من شبه الجزيرة العربية التي سكنها من نزل القرآن بلسانهم. وهذا الفهم في **أتم الصحة والصواب**. لكن مع تقادم الزمن اتضح من الناحية **العلمية في العصر الحديث** معنى آخر حيث أن تلك المنطقة التي كانت فيها المعركة هي **أوطى (أهبط وأخفض) بقعة على وجه اليابسة من الكرة الأرضية** -فتلك البقعة أقل من مستوى البحر بكثير. فكلمة "**أدنى**" بدلا من أخذها في مجال **البعد والقرب** صار أدعى في **العصر الحديث** أن تؤخذ في

مجال **العلو والهبوط ! ولا تضاد ولا تصادم** بين القول القديم والحديث وما قد يستجد. وما أبدع عجائب القرآن دوما حيث تتجلى **ربانيته** بمختلف الأساليب أبدا.

د- عدد الركعات في كل صلاة وكيفية الصلاة في مجملها.

هـ- كلمة "**ألم**" في بداية سورة البقرة و "**ألم**" في بداية سورة الشرح.

و- أما إذا جاء أمر الشارع بصيغة **قابلة لأكثر من فهم وحيد** (كما مثلنا في **ب** أعلاه، و لله المثل الأعلى) فذلك لرحمة وحكمة منه - إما **لتيسير** في الأمر أو **لمقاصد تتجلى بتقادم الزمن ومستجداته**؛ كما هو في **جـ** أعلاه. والتجلي قد يكون **بعضه أو جله أو كله**. وهذا من عظمة القرآن الذي لا تنتهي **عجائبه**، إذ تتبدى زمنا بعد آخر كبرهان على **ربانيته**؛ تتجلى تلك المعاني والعجائب لكل مدكر لتكون عبرة لمن يعتبر. وعليه والحالة هكذا فلا يصح ولا يحق بل ولا يقبل من كائن من كان أن يفهم صيغة من أمر الشارع التي هي **قابلة لأكثر من فهم وحيد ويفرض فهمه هذا على الآخرين على أنه الفهم الصحيح ولا سواه**؛ وهذا القول في حق "**الفقيه**" **ألزم وأوكد**. وفي هذا الصدد يجدر بنا أن نذكر مقالة الإمام أحمد حيث ورد في "الآداب الشرعية" (١٨٧/١) : "**لا ينبغي للفقيه أن يحمل الناس على مذهبه**". هذا والقارئ العزيز على علم تام أنه بعد وفاة المصطفى ﷺ انقطع الوحي من السماء ؛ ولا توجد "**بابوية**" في الإسلام لتنزيل الأحكام؛ وأن الله جبل البشر -كل البشر- على **أكثر من نمط واحد من حيث قدراتهم الإدراكية للأمور العادية أو التكليفية** التي هي ليست من "**التوقيف**" ولا أخيه. ورحم الله الإمام أبا حنيفة الذي قال ما معناه : إن كان **القول من رسول الله** ﷺ فعلى العين والرأس **نأخذه ونمتثل** ؛ وإن كان من **قول صحابي فننظر** موقف الصحابة منه **ونختار** من مواقفهم **ما يصلح لنا وزماننا**؛ وإن كان القول من **غير ذلك فهم رجال ونحن رجال**. وعليه **فلا ينبغي ولا يحق ولا يقبل من فقيه أن يطعن أو يتهم فقيها آخرا فهم نصا شرعيا فهما مغايرا لفهمه**. ولكن ، ويا للأسف ، أين هذا ممن يرون أن من **خالفهم** في فهم "**ماهية**" الربا قد "**أحل ما حرم الله**"! كيف يليق هذا **من مسلم لمسلم** ناهيك من "**فقيه**" في حق "**فقيه**" آخر -كما جاء في مجلة المجتمع الغراء -عدد ١٢٤١ الصادر بتاريخ ١٩٩٧/٣/١١م. فهذ إتهام خطير -نعوذ بالله من ذلك. وهذا "التحليل لما حرم الله" **لا كان ولن يكون من أي مسلم**. فكيف يمكن أن يصدر هذا من **فقيه** يخاف الله؟ وطبعا لا عبرة **لإلصاق التهمة** حتى وإن جاءت ممن ينبغي أن **لا يصدروها** -سامحهم الله.

هـ- يا فقهاء : ألا تتقون الله فيما تقولون. أنتم الذين **تعلّمون وتحضون** الناس على **حسن الظن حيث** "إن بعض الظن إثم" وتأمرون الناس أن يجادلوا حتى غير المسلمين **بالتي هي أحسن**؛ ألا يكون **المسلمون أجدر بأن يجادلوا بالتي هي أحسن**؟ أنتم من خير من يعلم قول الحق سبحانه وتعالى:

﴿يا أيها الذين آمنوا لم تقولون مالا تفعلون . كبر مقتا عند الله أن تقولوا مالاتفعلون﴾سورة الصف:(٢-٣).

و- يا فقهاء أنتم البحر بما يتعلق بالآيات الكريمة والأحاديث الشريفة التي **تحض** على **الرفق وزينته واللين وحلاوته**؛ فلا أحد منكم أفضل من موسى عليه السلام ولا من **تقذفونه** أعتى من فرعون شر خلق الله من اللئام -معاذ الله. أنتم تعلمون، زادنا الله وإياكم علما حسنا، إن الله قد أمر موسى أن يقول لفرعون ﴿قولا لينا لعله يتذكر أو يخشى﴾سورة طه:٤٤. أنتم القدوة لغيركم ورسولكم ﷺ خير أسوة لكم. كيف بكم **تقذفون** غيركم من إخوانكم المسلمين وتسمونهم "**المرابين**"؟ أو تصفون كثيرا من بنوك المسلمين بأنها "**ربوية**"؟ أي أن **الجميع يتعامل بالربا عمدا وجهرا** ! وأنتم تعلمون أن من يتعامل بالربا **فأولئك من الخالدين** في النار، لقوله تعالى ﴿فأولئك أصحاب النار هم فيها خالدون﴾البقرة:٢٧٥. إنكم تعلمون علم اليقين أن الذين **ترمونهم** بالربا هم إخوان لكم من المسلمين وأن **مآلهم إلى الجنة** إن شاء الله، **ولن يخلدوا** في نار جهنم؛ ذلك لأنهم يشهدون بلا إله إلا الله وأن محمدا رسول الله؛ وهذه الشهادة **بحد ذاتها** لا تدخلهم الجنة فقط **بل تحرم النار عليهم** -كما جاء في الحديث الشريف: "من شهد أن لا إله إلا الله وأن محمدا رسول الله حرم الله عليه النار[٣٩]"، رواه عن عبادة أحمد في مسنده ومسلم والترمذي. حديث صحيح. وأيضا حديث "بشر أمتك أنه من مات لا يشرك بالله شيئا دخل الجنة...[٤٠]"، رواه أحمد في مسنده والترمذي والنسائي وابن حبان. إن في أي من هذي الحديثين أو كلاهما **لبرهان قاطع على بطلان قذفهم** بالربا. فالحمد لله رب العالمين لخير العاقبة لجميع المسلمين. وهذا من فضل رب العالمين الذي شرع للجميع هذا الدين الذي فيه الدليل والبرهان لمن **عمل فكره** بما أمر الرحمن واستنبط رشده بهدي من السنة والقرآن. فكم تحض السنة وقبلها القرآن **كل مسلم بإعمال العقل للوصول إلى الحق وإحقاقه**. وبناء على ذلك ألا يجدر بكم أن تسْمو وتسمّوا من **خالفكم** في موضوع الربا **المستشكل "على كثير من أهل العلم"** فوق **أكثر عامة الناس** بتسمية أخرى **ليس فيها أي تجريح ولا همز ولا لمز ولا تنابز ولا سوء ظن**؟ مثلا أن تسموهم : "**الفائديون**"، "**العموليون**"، "**النسيئيون**" ، "**العصريون**" أو أية تسمية تصف **المقصود وليس لها من السلبية أي مردود**. فهل أنتم فاعلون؟ وهنا لا يسعنا إلا قول إنا لله وإنا إليه راجعون. اللهم عفوك عنا ولطفك بنا وبإخواننا الفقهاء وسائر المسلمين آمين.

ز- قول الحق سبحانه وتعالى في النساء:٤٣ والمائدة:٦

﴿أو لامستم النساء فلم تجدوا ماء فتيمموا صعيدا طيبا ...﴾

فكلمة "**لامستم**" تحتمل **أكثر من مفهوم واحد**. فهي قد تعني **مجرد اللمس الحسي**؛ وقد تكون **كناية عن الجماع**. فمن قال بهذا أو ذاك فكلاهما على صواب. والقرآن الكريم فيه من الآيات الكريمة التي تهز مخيلة القارئ هزّاً -دافعة إياها إلى آفاق عليّة من التفكر المستنير والاستنباط الرشيد. وشاء الحق سبحانه وتعالى أن : **(أولا)** جعل آيات الربا في القرآن الكريم **ليست** من "**التوقيف**" **ولا أخيه**. **(ثانيا)** كذلك أحاديث المصطفى ﷺ بشأن الربا، على كثرتها، كما أوردنا آنفا، فإنها جميعها

تدفع إلى مفهوم "**أضعفت أربيت**" **عدا واحدا منها جاء بقابلية لأكثر من مفهوم وحيد** (انظر الفقرة ٧–ط). (**ثالثا**) فلا غرو إذا من **التباين في ماهية** الربا بين فريق وفريق. وطبعا **لا فرق في تحريم الربا بين فريق وفريق.**

✸ ✸ ✸

١٥– ثم إنك أيها القارئ العزيز لو أمعنت النظر في كثير من الأمور، بما فيها العبادات، لوجدت العديد من **الاختلافات**؛ البعض يراها من **المخالفات**، وآخرون يرونها من **سماحة الدين في التيسيرات**، وإليك بعض الأمثلة :

أ. في الصلاة الجهرية، إذا قال الإمام " ولا الضالين " ولم يسكت بما فيه الكفاية بل شرع بقراءة ما تيسر من القرآن فعلى المأموم أن ينصت، لقوله تعالى :

﴿ وإذا قرئ القرآن فاستمعوا له وأنصتوا ﴾ الآية.

وآخر يقول : لا، بل على المأموم أن يقرأ الفاتحة ثم ينصت، لحديث:

" لا صلاة لمن لم يقرأ بفاتحة الكتاب " !.

ب. إذا جاء المصلي ووجد الصف مكتملا، فلا بأس أن يقف فذاً (وحده) ويدخل في الصلاة مع الجماعة ؛ وآخر يقول : لا تصح صلاة الفذ مع الجماعة وعليه أن يعيد صلاته إن هو صلاها كذلك (أي فذاً) !

ج. حلي المرأة المستعملة طيلة السنة في مختلف المناسبات هل توجب فيها الزكاة ؟ فهناك من يفتي بوجوب الزكاة وآخر يقول بغير ذلك !

د. وضع اليد فوق السرة أو الصدر أو إسبالهما بعد الدخول في الصلاة، فهناك من **يخطيء** الإسبال وغيره لا يرى به بأسا!

ولا يخفى أنك تجد بالنسبة لكل من (أ) و (ب) و (جـ) و (د) وأمثلة غيرها ما " يستحب " أو " يستحسن " أو "يسن " **وضده** في المذهب نفسه أحيانا !!

✸ ✸ ✸

١٦– كذلك فإن البعض يقول أن من تعلم أو جمع بين "التراخيص" من مختلف المذاهب وعمل بتلك التراخيص فإنه "فاسق" وآخر يتساءل معترضا على هذا " التفسيق " الذي لم يظهر في كتاب الله وسنة رسوله عليه أفضل الصلاة وأفضل التسليم، إذ كيف يكون فاسقا وهو متبع لترخيص من مذهب سني صحيح **من باب التيسير والفقه المستنير** وحتما من منظور **مختلف**، بعيدا كل البعد عن الفسق والإنحراف وكل ما فيه حرام أو تلف؟

✸ ✸ ✸

١٧– أيها القارئ العزيز أنت تعلم أن كثيرا من الأمور ليست كالسواد أو البياض في **ماهيتها**. وماهية الربا عند الكثيرين من **المستغلقات**، ومن هنا تلبدت فيها **الإختلافات**. لذلك عليك أن تتريث في حكمك، بل كن من الكيسين،

إنك إن كنت كذلك لصرت من الذين أنعم الله عليهم **بالحلم وفصل الخطاب**. أما إن جنحت وتسرعت فلربما أصبحت من الذين لا يرقبون في بعض إخوانهم المسلمين إلا ولا ذمة، وبذلك قد تكون من الآثمين الذين هم لأنفسهم ظالمين، نعوذ بالله من ذلك ونسأل الله السلامة والعافية. إن أمر الربا **لمستغلق على كثير من أهل العلم**؛ فإن تبدى لك أنك **لست** من هؤلاء فلربما "**عرفت شيئا وغابت عنك أشياء**"؛ وإن كنت من العوام **فلا يحق لك سوء الظن بغيرك أو همزه أو لمزه**؛ وإن كنت **من أهل العلم فإنك أجدر من سواك بتقوى الله في غيرك والتزام اللين والتحلي بالتي هي أحسن**. وأنت خير من يعلم أن **في الدين لسعة وتيسيرو نهى عن التشدد والتعسير**.

✸ ✸ ✸

١٨- وبناء على ماتقدم ، خصوصا (١٤-و) **فاليقين** أن الربا **حرام حرام حرام بلا أدنى جدال عند كل من دخل في الإسلام**. إذ أن هذا **اليقين** من **مستلزمات الدين فبدون هذا لا يكون المسلم مسلما**. لذلك فإنك **لن تجد مسلما واحدا يحل الربا أبدا**. أما "**ماهية" (حقيقة وجوهر)** الربا فهي موضع **خلاف،خلاف، وأي خلاف!** بكلمة أخرى إن عملا **معينا عند البعض يكون الربا بعينه وعند البعض الآخر ليس كذلك أبدا**. فالأول يدعم موقفه **بدليل، وتقليد، وكثير من التأويل، وكثرة من المؤيدين**. والثاني يقدم لموقفه **الكثير من الأدلة من الكتاب والسنة وثاقب الاستنباط بفقه ورشاد**. حقا إن هذا **الخلاف** يتمحور ويتركز في **ماهية** الربا **وليس في تحريم الربا** -ولا ينبغي لأحد أن يماري أو يغالط في هذا أبدا. **فعلى كل إنسان أن لا يشطط** فيما لو اصطدم بهذا **الخلاف** حيث **أن هذا الخلاف كان ولا زال وسيظل إلى ما شاء الله**. إذا يجب التعامل مع هذا **الخلاف** على **ضوء صحيح القياس والاستنباط المستنير من السنة والكتاب بمنطق الحجة الدامغة والدليل المبين؛ لا بسلطان الترداد والتأكيد وادعاء الاجماع الذي لن يكون ولا كان** (انظر آخر فقرة ٣٠). **وزبدة القول** أن **حرمة** الربا **إجماعية من مستلزمات الدين مثل جميع أركانه** (وليس على "إجماع" ما يذهب عليه "الأصوليون") وإن **ماهية** الربا **خلافية (ليست قاطعة وستبقى أبدية)**. ولا ينبغي **نقل الخلاف في ماهية الربا** إلا أنه **خلاف في حرمة** الربا، حيث أن ذلك **مغالطة خاطئة** تعكر الصفو وتجلب الغم. وما أحوجنا لدرء هذا وذاك.

✸ ✸ ✸

١٩- وعليه: يجب **التيقن** من **الربا** في **مبناه ومعناه**، في **مجمله وتفصيله، ولا نخلط بين ماهيته وحرمته**، ويعيننا في ذلك - أي فهم **ماهية** الربا من **الكتاب والسنة** -أن نأخذ **بكل الحجج في شأنه و بالقرائن في صدده** كما تلك التي تشير **بوجوب** الأخذ بالمعنى "**التضعيفي**" حتى **لا نحرم من عند أنفسنا**. أو حتى **لا نشدد على أنفسنا**، فيشدد الله علينا كبعض الذين من قبلنا. كيف نشدد على أنفسنا ؟ مثلا أن **نميل وندلف إلى تحييد التيسير بل إحالته إلى شيء من التعسير** -نعوذ بالله من ذلك. وعليه فلا بد من أن ننشط في تدبر القرآن والسنة وأخذهما بالقرائن والحكمة، أي قرائن تلك؟ مثلا:

أ- تأويل ابن عباس رضي الله عنه للآية الكريمة ١٣٠ من سورة آل عمران ﴿لاتأكلوا أضعافا مضاعفة﴾الآية **أنها تنصرف إلى ما كان معمولا به في الجاهلية** (ربا النسيئة)؛ ولنا أن نقول وفي **أي عصر من العصور إذا ما تكررت تلك الفعلة الشنعاء، والتي ضررها واضح كشمس الظهيرة في يوم صاف.**

ب- قول ابن عباس **وجمع من الصحابة** رضي الله عنهم، كعبد الله بن مسعود [11] وأسامة بن زيد وزيد بن أرقم وابن الزبير أنهم قالوا: "**إنما الربا في النسيئة**"، لقول النبي ﷺ: "**لاربا إلا في النسيئة**"رواه البخاري [12]. فهذا حديث **شامل مانع يجب التقيد بكامل** صورته **لا بجزء منها** (انظر الفقرتين ٢٤-حـ وَ ٢٩-جـ).

ج- **إمكانية** المعنى **لمنحى " الضعف / التضعيف"** بدلا من **محض** الزيادة، إما **لإغراء المرابي من قبل المحتاج أو استغلالا** من المرابي لما يضطر إليه المحتاج، أو الاثنين معا، أو كما جاء في الفقرة ٢٤-ح أدناه.

د- إنه **ليس من سلامة المنطق أو الإنصاف** تحميل كلمتي "**زاد**" أو "**ازداد**" لمعنى **وحيد فقط في هذا الصدد**، وهو **محض** الزيادة، علما أنهما **يحتملان لأكثر** من ذلك المعنى الوحيد. والحديث في (١٩-ب أعلاه) يؤكد ذلك. وكذلك حتى لا يكون أي تعارض مع الآية الكريمة: ﴿لكم رؤوس أموالكم﴾ الآية بالنسبة **للعملات الورقية** وما يطرأ عليها من **تضخم واضح لا مناص منه** في الحاضر والمستقبل (انظر الفقرة ٢٢).

هـ-إن المعنى الزائد إلى **الضعف** يطابق ويساند الآية الكريمة ١٣٠ من سورة آل عمران **وصريح الأحاديث الشريفة** معا، خصوصا "**لا ربا إلا في النسيئة**" وحديث "**أضعفت أربيت**" - فالحمد لله رب العالمين.

و-إن أخذ واعتماد المعنى في إطار "**أضعافا مضاعفة**" و "**أضعفت أربيت**" و "**لا ربا إلا في النسيئة**" يرفع الحرج. كيف؟ إنما **اعتبر من الممنوع أو ظاهره ذلك** إما أن يكون **ليس في الحقيقة كذلك**؛ أو أن يكون التحريم **أخف من سواه** كربا **الفضل** -إذ هو لم يحرم **قصدا** (**محرم في ذاته**) وإنما **حرم سدا للذريعة**؛ أو أن **الحاجة** تدعو إليه **فيباح على وفق ما لا يتم الواجب إلا به فهو واجب**؛ أو أن يكون من باب **التيسير** كما في **العرايا** والكثير غير العرايا (انظر الفقرة ٢٧-جـ).

✸ ✸ ✸

٢٠- والمشكلة تكمن في أن الناس، **أكثر الناس، عالمهم وعاميهم**، في مسألة **الربا** يتخذون ويعتمدون المعنى **اللغوي** ويهملون المعنى **الشرعي**، حيث إن المعنى **اللغوي** يحمل معنى الزيادة **المحض** أما المعنى **الشرعي** فيتطلب معنى الزيادة **المضعفة**، كما ذكر القرآن الكريم والأحاديث الشريفة **الشاملة المانعة**. ولقائل أن يقول، هذه ليست مشكلة، حيث أن **الربا كله خبث**؛ والمعنى **اللغوي** يظهره حالا وينشّط المرء ليجتثه ويتبرأ منه توا. نعم الكل يقر بأن الربا **كله** خبث من بدايته أو كيفما اتفق منه لا جدال **ولن تجد مسلما يحلل أقل القليل** من الربا. لكن هذا **دين، لا يقال فيه بالْفِيْه**،

خصوصا في دائرة **الحرام** -**فلا يصح فيه أي كلام بل لا بد من التزام ما فصل الشارع من تحديد الحرام**. إن الربا نوعان: **ربا الفضل وربا النسيئة**. **فربا الفضل خصصه الشارع في ستة أعيان معروفة** (إنظر الفقرة ٢٧-ب) وربا **النسيئة** الذي يفهمه **كثير من الناس على هيئة شبه مشطورة** وحقيقته هي كما جاء في حديث المصطفي ﷺ والذي رواه البخاري عن ابن عباس وابن مسعود وكثير من الصحابة رضوان الله علينا وعليهم أجمعين، حيث قال: "**لا ربا إلا في النسيئة**". **وربا النسيئة** هو الذي نزل فيه قرآن كريم بالقول الحكيم: ﴿لا تأكلوا الربا أضعافا مضاعفة﴾ الآية، (انظر الفقرة ٥-حـ). وأحاديث المصطفى ﷺ تتطرق لفكرة **الضعف والتضعيف** مباشرة وبسبل أخرى، **تفصيلا** منه ﷺ (إنظر الفقرات ٦ ، ٧ ، ١٠ ، ١١ ، ١٢). وعليه فالحديث الشريف "**لا ربا إلا في النسيئة**" **نصا صريحا يدفع دفعا ويقيّد تقييدا** بما كان معمولا به في الجاهلية وحديث "**أضعفت أربيت**" **يحسم الأمر حسما**. **ألا يوجب** كل ذلك البداية من المعنى **الشرعي وليس من المعنى اللغوي** للربا؟ والبداية من المعنى **اللغوي** تصح **بالتأويل** للاحتياط. ومع عدم التسليم **الكامل** لهذا التأويل، فإن قال أحد أنه **انعقد في نفسه أو أن لديه شبهة في الأمر ويريد أن يحتاط فممكن القول أن قوله حسن**؛ ويمكن لكل منصف أن يتهلل له ويباركه شريطة أن **لا يُفرض هذا على الآخرين على أنه عين الصواب وما سواه خطأ؛ فلربما انعقد في نفس الآخرين غير ذلك** (انظر الفقرة ٢٦-أ ، ب ، جـ ، وَ ٢٧-جـ). ذلك أن مفاهيم الناس والفقهاء مختلفة **وماهية** الربا **أكثر عرضة لتلك الاختلافات** في المفاهيم.والعبرة هي: ﴿لا إكراه في الدين﴾الآية. وهذا اختلاف في **الفروع والتفاصيل** ولا ينبغي أن يؤثر فيما عليه **وِفاق في الأصول وكل أصيل**. فمثلا **لن تجد من يقول أن الربا حلال قط**، هذا في **الأصيل**. أما في **التفصيل** فهنا أحد مرابط الفرس الذي **سيظل الناس فيه على اختلاف إلى الأبد، على ما يبدو من مختلف كتب التاريخ والسند** !.

✸ ✸ ✸

٢١- لماذا ياترى أكثر الناس يتخذون هذا المنحى في أمر خطير كالربا ؟ أهو من باب **الاحتياط أو الاختلاط؟** إن **الاحتياط لمرغوب** فيه ونعم بالتمسك به، **شريطة أن لا يزيد إلى حد التشدد أو الغلو أو الوسواس أو التعدي** إلى **فرض فهم وحيد** لنص أو نصوص من الكتاب والسنة بذاتها **تحتمل لأكثر من ذلك المفهوم العتيد**. فتحت **لواء الاحتياط** هناك من **يوسوس** مثلا. يقول الإمام إبن قيم الجوزية رحمه الله في ذم الموسوسين:

> أ- "أما قولهم: إن ما نفعله احتياط لا وسواس قلنا: سموه ما شئتم. فنحن نسألكم: هل هو موافق لفعل رسول الله ﷺ وأمره، وما كان عليه الصحابة، أو مخالف؟ ... فلا ينفعكم تسمية ذلك احتياطا ... فهكذا تسمية الغلو في الدين والتنطع: إحتياطا"(٣١).

وأيضا تحت **لواء الاحتياط** هناك من **يتشدد**. يقول الإمام العلامة إبن قيم الجوزية رحمه الله في حديث لأنس رضي الله عنه:

ب- "وقال أنس: قال رسول الله ﷺ: **لا تشددوا على أنفسكم فيشدد الله عليكم؛** فإن قوما شددوا على أنفسهم فشدد الله عليهم ... فنهى النبي ﷺ عن التشديد في الدين، وذلك بالزيادة على المشروع وأخبر أن **تشديد العبد على نفسه هو السبب في تشديد الله عليه، إما بالقَدَر وإما بالشرع**"(٣٣).

وهناك من ينبذ **التشدد والغلو والوسواس لكنه يتحفز متحرفا لفرض فهمه** لنص أو نصوص من الكتاب والسنة على أن **فهمه، مشفوعا بتأييد جمع معه، هو الفهم الصحيح والوحيد لا سواه؛** علما أن ذلك النص أو تلك النصوص **قابلة لأكثر من فهم وحيد** عند **كثير** إن لم نقل أكثر **المسلمين.** قال رسول الله ﷺ : "لا تجتمع **أمتي** (ولم يقل **جمع من فقهاء أمتي**) على خطأ".أنظر "الإجماع" في الفقرة ٣٠.

قبل الإجابة على السؤال في مطلع هذه الفقرة دعونا ننظر إلى الآية الكريمة من سورة البقرة التي تواصل الحديث عن الربا وتقول :

﴿ وإن تبتم فلكم رؤوس أموالكم لاتظلمون ولا تظلمون ﴾سورة البقرة:٢٧٩.

في أيامنا هذه وفي المستقبل القريب والبعيد الناس يتعاملون بعملات ورقية ليس في ذاتها قيمة حقيقية كالتي في الذهب والفضة مثلا. فالعملة الورقية قيمتها الحقيقية المقصورة على **مدى الثقة** التي **يلصقها** الناس بتلك العملة أو غيرها؛ وهذه **الثقة تعتمد اعتمادا إطراديا على مدى ما يسمى "التآكل" أو "التضخم المالي"** (انظر الفقرة ٢٢ فيما يلي).

✸ ✸ ✸

٢٢- إن نظرية **"التضخم المالي"** معقدة وتعتمد بدورها على عوامل عديدة؛ **وزبدة القول النافع فيها** هي في الحقيقة **"القوة الشرائية"** للعملة المعنية. فلنفترض أن شخصا ما لديه مائة وحدة من عملة ورقية في بلد ما؛ فهو يذهب إلا السوق ويشتري بكل المائة **"سلة من مواد وخدمات مختلفة"** لإشباع احتياجاته حاليا. **وبعد سنة** من الآن فإنه بتلك المائة (أي مائة مثيلة) **لا يستطيع** أن يشتري في سلته **نفس الكمية من المواد والخدمات المختلفة ذاتها أوما يساويها** لإشباع احتياجاته؛ ذلك لأن العملة قد **تآكلت وقلت قيمتها الشرائية** بنسبة **معينة** تقل وتزيد في **دركات النقص** حسب البلد وقوته الاقتصادية، فقد يكون التآكل بمقدار ٥٪ او١٠٪ أو ٥٠٪ أو ١٠٠٪أو ١٠٠٠٪ أو أكثر كثيرا.

✸ ✸ ✸

٢٣- فلنفترض أننا في بلد قيمة **"التآكل (التضخم) المالي"** السنوي فيه **٥٪**؛ وعليه أن المائة وحدة الآن بعد سنة تكون قد **قلت** إلى ٩٥٪ وحدة. ففي **هذا البلد ولتلك السنة** يجب أن **يضاف** إلى تلك المائة **٥٪** أي مائة وخمسة وحدات **للمحافظة على بقاء تلك المائة وحدة مائة وحدة.** أي بتاريخ ١٩٩٦/١/١، ١٠٥ وحدة تساوي ١٠٠ وحدة بتاريخ ١٩٩٥/١/١ إذا أردنا الإحتفاظ **برأس المال ١٠٠٪** في ١٩٩٦/١/١. وعلى ذلك نقيس.

الابتياع المستباح الذي يجسد الضرر البواح

٢٤- من البيوع المحرمة شرعا هناك أربعة أنواع: **بيع وسلف، وشرطان في بيع، وربح ما لم يضمن، وبيع ما ليس عندك**. وقد أورد تلك البيوع المحرمة بشيء من التفصيل فضيلة الشيخ العلامة محمد ناصر الدين الألباني حفظه الله في "**سلسلة الأحاديث الصحيحة**" برقم ١٢١٢ في المجلد الثالث (صفحة ٢١٢/٢١٤)، والذي يهمنا هنا **الشرطان في بيع**. وقد فُصِّل الشرطان في بيع بأن يقول البائع للمشتري : أبيعك هذه السلعة **نقدا بكذا** أو **بأجل وزيادة بكذا**. والمشتري **مخير** بأن يشتري السلعة **نقدا بأقل السعرين** أو **آجلا بأكثرهما**. وهذا النوع من البيع والشراء هو ليس فقط البيع بالتقسيط المتداول بين الناس بكثرة هذه الأيام بل هو من البيوع التي يمكن أن **تتجسد فيها الحيلة بأوضح معانيها**، كما هو مبين في (٢٤-ب أدناه). مثلا :

أ- بيع العنب حلال حلال؛ لكن إذا البائع أعلم أنه يبيع عنبه لصانع الخمر فإن البيع لهذا يكون من الحرام الحرام. فإن البائع امتنع عن هذا البيع فهو مأجور إن شاء الله. إذا بناء على **القصد والنية** يكون البيع حراما أو حلالا.

ب- شاع بين الناس في أيامنا هذه استباحة بيع وشراء يجسدان الضرر البواح. ذلك أن بعض إن لم نقل كل هذا البيع والشراء يَعمل على أساس من **الحيلة**. **والحيل في شرع الله باطلة إذا ما وظفت لجلب ضرر أو أضرار**.مثلا: تصور رجلا له عائلة ووفقه الله لبناء بيت لعائلته. خلال التنفيذ احتاج إلى مائة ألف ريال. بحث عمن يسلفه المبلغ فلم يجد وهو والحمد لله ممن يتقون الله ولا يريد التعامل "بالربا" **كما يعرِّفه له معظم الناس**، وهو بهذا التعريف قانع وعليه سائر. وهذا التعريف يقول إن **أي زيادة** "قلت أو كثرت" تعطيها على رأس المال ممن استسلفت منه فهي ربا-ذلك على قياس ذلك القول **الفاسد** : **"كل قرض جر نفعا فهو ربا"**(انظر الفقرة ٣٥). فكيف يعمل هذا المحتاج؟

جـ- قيل له: هناك من يبيع سيارات جديدة **بالتقسيط** أو **النقد** فلكي تحصل على المائة ألف ريال فما عليك إلا أن تشتري سيارة جديدة بمائة ألف ريال **نقدا** أو بمائة وخمسة وثلاثين ألفا **تقسيطا**، تقسط عليك شهريا لمدة **عامين**. فذهب واشترى سيارة بمائة وخمسة وثلاثين ألف ريال على أن يسددها خلال **عامين** بأقساط متساوية شهرية-أي خمسة آلاف وستمائة وخمسة وعشرين ريالا شهريا. وهو طبعا **لا يحتاج للسيارة بل للنقود** وعليه باعها في الوقت نفسه بمائة ألف ريال وحصل على النقود المطلوبة لقضاء حاجته. **فقد خسر خمسة وثلاثين ألف ريال في يومه ذاك**، وبالحساب الصحيح فإن نسبة الخسارة التي لا يعرفها معظم الناس أن هذا الرجل في يوم واحد خسر ٣٥٪ وبهذا المعدل فإن خسارته على مدى فترة سلفته هي أكثر بكثير!

د- لصاحبنا هذا صديق يدير بنكا. فعلم بحاجة صديقه هذا وعرض عليه سلفة مائة ألف ريال **بمائة وثمانية آلاف** ريالا تسدد **أيضا** على مدى **عامين**- أي بمبلغ أربعة آلاف وخمسمائة ريالا شهريا -شارحا له أن نسبة **التضخم المالي والتكاليف الأخرى**

للسنتين القادمتين **محسوبة على أساس ٧,٩٩٩٪**، (انظر الفقرتين ٢٢ ، ٢٣ بشأن "**التضخم المالي**") وعليه فإنه يقدم له سلفة "**بسعر الكلفة**" كمساعدة له ودعوة تشجيعية لغيره لجلب الجميع إلى التعامل مع البنك نفسه. لكن صاحبنا هذا تردد خوفا من الوقوع في الربا. وأي مسلم لا يخاف من الوقوع في الربا ؟ -أعاذنا الله من ذلك.

هـ- إن صاحبنا هذا يقبل بما جاء في "**جـ**" ولا يرضى بما جاء في "**د**" حيث **قيل له إن ما في "جـ" بيع وشراء كله حلال وما جاء في "د" هو عين الربا الحرام**. ومن يعاف الحلال ويرضى بالحرام بديلا من المسلمين ولا يرضى عنه تحويلا؟

و- إن الأخذ بالمعنى **اللغوي** لكلمة "**زاد**" وكلمة "**ازداد**" في الحديث الشريف الذي رواه عبادة بن الصامت رضي الله عنه **منفردا وسطحيا** -أي **دون إقرانه بغيره من الأحاديث والقرآن يشير بالأخذ** بما جاء في "**جـ**" **والابتعاد عما جاء في "د"**. والذي جاء في "**جـ**" فوق أنه **من البيوع الأربعة المحرمة**، كما يقول العلامة الألباني، فإنه بني على **حيلة** أوقعت صاحبها في **خسارة كبيرة. والشرع لا يقر الحيل التي تجلب الضرر على الناس أو المسلمين**. وإن كان **لا بد من بعض الضرر** فليكن **أهون** الضررين. إن **الخسارة** الناتجة في "**جـ**" لأكثر من **أربعة أضعاف وثلث الضعف** من التي في "**د**". واضح أن في "**جـ" غبن وبعض الضلالة**؛ وفي "**د" عدل وعون بلا حيلة أو ندامة أساسها قياس صحيح** من الكتاب والسنة هذا من جهة ومن أخرى انظر "ز" فيما يلي.

ز- بني الإسلام على **مصالح العباد بالقصد والنيات**. وعليه **كل ما يجلب الضرر للعباد فليس فيه شيء من الشريعة أو الرشاد**. وواضح أن **ما جاء في "جـ" فيه ضرر** بين للعيان. وما في "**د" فيه تغطية كلفة بلا ضرر ولا ضرار. فكيف التوفيق في توكيد أن ما في "جـ" حلال وما في "د" حرام؟** هل انقلبت الموازين فصار الذي **يجلب المصلحة وينفي المضرة أصلا حراما**، والذي **ظاهره من الحرام، وحتما يجلب الضرر وينفي المنفعة حلالا؟** نعم تنعكس الموازين عندما نقيس الأمور **بمقاييس فاسدة أو نفهم النصوص على غير ما ينبغي/يجب**، والنتيجة الرضى **بالمسميات والشكليات بديلة عن الحقائق من واقع الحال لمصالح العباد!** -نسأل الله العافية والسلامة!

حـ- جاء في الحديث الشريف الذي رواه أنس رضي الله عنه عن النبي ﷺ: "**إن تشديد العبد على نفسه هو السبب في تشديد الله عليه، إما بالقدر وإما بالشرع**" (انظر كامل الحديث وسنده في الفقرة ٢١-ب). ذلك أن العبد إذا **تشدد في دينه** فإنه يصير **بطبعه ميالا إلى ترجمة / قراءة خاطئة لبعض النصوص**، فتراه يأخذها **منفردة ويحملها مالا تتحمل أو خارج السياق أوالقرينة أو مقتضى الحال** ويصل إلى نفس النتيجة؛ وتلك إن لم تكن ضالة ومضلة فإنها **لا تصيب الصواب كله**، نسأل الله العافية والسلامة. وواضح أن **المتشدد لا يرى تشدده تشددا بل يراه إما أنه عين الصواب أو من باب الاحتياط**. اللهم هدايتك لكل متشدد حتى لا يظلم نفسه وغيره من حيث لا يعلم. اللهم علمنا ما ينفعنا وانفعنا بما علمتنا؛ اللهم أرنا الحق حقا وارزقنا اتباعه والباطل باطلا وارزقنا اجتنابه. ومن هنا لننظر في **ماهية** الربا، على **ضوء القرآن والسنة والأثر الطيب والفقه النير، بموضوعية تتوخى الرشد** والبعد عن التقليد الأعمى والهوى.

أولا: أمامنا **تفصيل** القرآن الكريم -**بما قل ودل**- في الآية الكريمة ﴿لا تأكلوا الربا أضعافا مضاعفة﴾سورة آل عمران: ١٣٠ -كما ترجمها لنا حبر الأمة وترجمان القرآن عبدالله بن عباس رضي الله عنهما؛ أي أن النسيئة هي **المقصودة** هنا، كما أسلفنا (انظر الفقرة ٥-جـ).

ثانيا: أحاديث المصطفى ﷺ التي تحدثت عن "**صاعين بصاع**" و "**صاع بصاعين**" و "**درهمين بدرهم**" و "**درهم بدرهمين**" ثم خلصت ولخّصت بـ "**أضعفت أربيت**"؛ إن حديث "**أضعفت أربيت**" **لشامل ومانع** (انظر الفقرة ٧-أ-ح) أي لا يدع مجالا للتقصير أو الشطط.

ثالثا: حديث الرسول ﷺ **الجامع المانع** الذي رواه البخاري: "**لا ربا إلا في النسيئة**" (انظر الفقرة ١٩-ب). فهذا يدلك على أنه فيما عدا **الأعيان الستة** التي حددها الشارع (أنظر الفقرة ٢٧-ب) فإنه **قطعا لا، "لا ربا إلا في النسيئة**". والمصطفي ﷺ أعطي جوامع الكلم، فهذا الحديث من جملة "**ما قل ودل**". فلو لم يكن إلا هذا الحديث لكفى.

رابعا: أنت بصدد أمر **خطير** فهو من الزنا أدهى وأمر -ذلك إن **الربا أفتك وأخبث**، حيث أنه يدمر **المجتمع بأسره بل وشعوب الأرض قاطبة إذا ما تفشى**، لا سمح الله، نسأل الله العافية ونعوذ به من وباء الربا. إذا **الحرص والاستيقان** من حدوث الربا يكون من باب أولى. فمعلوم أن الشارع **تشدد كثيرا** في عقوبة الربا، والحمد لله أنه فعل، لذلك من حيث **الاستيقان من بيّنة وجوده، لا بد من مضاعفة الجهود و الموازين للتأكد من حدوثه** (لا سمح الله) **بين المسلمين** (انظر الفقرة ٢٠ والفقرة ٢٩-جـ).

خامسا: إن **القرآن الكريم والأحاديث الشريفة وخطورة الموضوع وسياق ومقتضى الحال لتدفع دفعا** لأخذ معنى **الربا** في إطار "**أضعافا مضعفة**" و "**أضعفت أربيت**" و "**لا ربا إلا في النسيئة**" (أنظر الفقرة ٢٩-جـ).

سادسا: وحتى كلمة "**زاد**" و "**ازداد**" في حديث عبادة بن الصامت (انظر الفقرة ٧-ط) لماذا لا تؤخذا في إطار **التضعيف**؟ لا شك أن كل كلمة من الكلمتين تحتمل معنى **محض** الزيادة **وإمكان** الزيادة **المضعفة** -ذلك أن الزيادة ممكن أن تكون **بأقل القليل أو أكثر الكثير** وقد جاءتا **مطلقتين عامتين** في الحديث؛ والحديثان "**لا ربا إلا في النسيئة**" و "**أضعفت أربيت**" **شاملان مانعان مخصصان** -"**والخاص يقضي على العام؛ كما هو مقرر في علم الأصول**" (وينقله في الصفحة ١٣ من "**سلسلة الأحاديث الصحيحة**"، المجلد الأول العلامة محمد ناصر الدين الألباني). وعليه فلا يوجد في الحديث نفسه ما **يرجح** المعنى **اللغوي**، إلا **احتياطا لا لزوما**، وهذا **دين** فالأخذ والاعتماد يجب أن يكون **على أساس شرعي**؛ وحديث "**لا ربا إلا في النسيئة**" وحديث "**أضعفت أربيت**" **يوجبان** أخذ معنى **التضعيف وجوبا** على ضوء الآية الكريمة ١٣٠ من سورة آل عمران وما ذكر أعلاه (**خامسا**). أما **الأخذ** بمحض الزيادة فصحيح **لغة** ولكن

لا مرجح له في إطار **خطورة الموضوع وعظمة وزره**- فكأنك تقول مثلا **الصلاة** معناها في **الإسلام الدعاء وتقف**- فمع **صحة** هذا القول **لغة** ؛ فهذا كلام خطِل -**فساده واضح من حيث معنى الصلاة شرعا**.

سابعا: إن أنت أخذت بالمعنى **الشرعي "التضعيفي"** فلك وعندك ما يسندك **من أقوال الشارع الحكيم (قرآنا وسنة) وآثار من خير خير القرون أصحاب الرسول** ﷺ ورضي الله عنا وعنهم، **وفقهاء أفذاذ** يشار إليهم بالبنان. وإن أنت عدلت للأخذ بالمعنى **اللغوي** "محض الزيادة" فإن سندك فيه ضعف يقويه من **بالمعهود من العموميات** يصدحون **وبالجزم** المؤيد **بالتأكيدات** يرددون. أما **الدليل والبرهان** فهما **فيما جاء في السنة وقبلها القرآن**. وطبعا لك الخيار فيما أنت مختار. اللهم اهدنا وإياك لاختيار خير الأقوال ومراد الشارع الحكيم لهدي العباد.

ثامنا: إن كلمة "**زاد**" وكلمة "**ازداد**" في الحديث الشريف (الفقرة ٧-ط) ممكن أن تكون الزيادة **ضعفاً من قبل المحتاج**، يزيدها **ليغري** المرابي (نسأل الله العافية ونعوذ به من ذلك المرابي) ليعطيه بغيته التي هو في **أمسّ الحاجة إليها**؛ ويكون الازدياد من قبل ذلك الجشع **مستغلا** ما **اضطر** إليه ذلك المحتاج لسد حاجته؛ أو **جشعا** من **المعطي و الآخذ** ابتغاء السحت الحرام في أوجز زمان -كأن يكون البعض لديه مختلف وسائل التجارة وحمايتها من جاه ومال، وآخر لديه المال (قل أو كثر) وبغية الجميع **الإثراء دون أية مبالاة** أكان ذلك من سحت حرام أم غير ذلك. ولا يمنع أن يكون الأخذ والعطاء على صورة من الصورتين التاليتين، كلاهما أو مزيج منهما:

(أ) إن كان التاجر يريد أن **يغري** الآخرين بالاشتراك معه فلربما **اشترط** أن يؤدي لهم **ضعف** اشتراكهم بعد المدة المحددة.

(ب) أما إن كانت تجارة أحدهم **شهيرة ومربحة** والكل **يسارع متكالبا** إلى الإشتراك فيها بغية الإثراء الأكيد، فإن صاحب التجارة هذا قد **يشترط** على كل مشترك أن يدفع اشتراكه (رأس ماله) **ومثله** (أي **ضعفا**) على أن يؤدي إليه **فقط إشتراكه مع ربحه** بعد المدة المحددة، والتاجر يحتفظ **بالمثل لنفسه**. وهذا يعني أن مجموع الإشتراك (رأس المال) وربحه **أكثر من ضعف** رأس المال المشترك به. مثلا الإشتراك **بمائة** والمردود **ثلاثمائة**. فكلفة الإشتراك الحقيقية هي **مائتان**. وواضح أن المائتين جلبت ثلاثمائة. والنمط الأول هو الذي كان سائداً في الجاهلية. فما الذي يمنع من أن **ينصرف** المعنى **لهذا المنحى** بدلا من **محض** الزيادة **فقط** ؟ إن **كلا المعنيين وارد** في كلمة "**زاد**" وكلمة "**ازداد**". وطبعا لقائل أن يجيب: إن الأخذ بمعنى الزيادة والازدياد في إطار "**الأضعاف المضاعفة**" و"**أضعفت أربيت**" لا ينطبق؛ وذلك لندرة -إن لم نقل لشبه استحالة-**الأضعاف والتضعيف** في مسألة الإستسلاف وما يترتب عليها بين الناس **في زماننا او المستقبل المنظور**. وجوابا يقال: إن هذه **الندرة** أو شبه **الاستحالة** لا تلغي الحكم. إن شهادة الزنا (كما ذكرنا آنفا) **أكثر من نادرة أو شبه مستحيلة**، ولكنها باقية إلى أن يرث الله الأرض ومن عليها. وما أدراك بالأجيال والقرون القادمة؛ حيث أنها ستكون أشرّ من الحاضرة- كما جاء في الحديث المعروف وما معناه أن كل جيل يأتي سيكون أشرّ من الذي قبله وتقوم الساعة على أشر خلق الله -نعوذ بالله من ذلك.

٢٥-مما لاشك فيه أن كل ما أمر الله ورسوله به فيه **مصلحة** وكل ما نهى الله ورسوله عنه فيه **مضرة** . **فالربا** المنهي عنه فيه **ضرر محقق** على كل ذي علاقة؛ إما **خسارة مالية بينة أو إثم ماحق أو كلاهما معا**. لكن لو **اضطر** شخص ما أن يستلف مائة بمائتين لأجل مسمى، فأن الآخذ (المدين) **مضطر ولا إثم عليه، إن شاء الله** إذ ("**لا واجب مع عجز ولا حرام مع اضطرار**"). أما المعطي (الدائن) إذا أعطى **جشعا واستغلالا** فإنه **آثم وفي زمرة من أذن بحرب من الله ورسوله ضد نفسه**، نسأل الله العافية والسلامة.

* * *

٢٦-نتوقف قليلا **لنستنر** ببعض من أقوال العلماء في موضوع الربا؛ فهذا العلَم العلامة الإمام ابن القيم رحمه الله يقول تحت عنوان: "**الشريعة مبنية على مصالح العباد**"، وذلك في فصل تحدث فيه عن "**تغيير الفتوى** واختلافها **بحسب الأزمنة والأمكنة والأحوال والنيات والعوائد**". هذا الفقيه الفذ، أحد تلامذة شيخ الإسلام العظيم ابن تيمية، قال مقالات كثيرة في منتهى الحكمة البشرية وعين الصواب بالنسبة للواقع **التطبيقي** للشريعة السمحة. قال :

أ- "هذا فصل عظيم النفع جدا **وقع بسبب الجهل به غلط عظيم على الشريعة أوجب من الحرج والمشقة وتكليف مالا سبيل إليه ما يعلم أن الشريعة الباهرة التي في أعلى رتب المصالح لاتأتي به، فإن الشريعة مبناها وأساسها على الحكم ومصالح العباد في المعاش والمعاد،وهي عدل كلها ورحمة كلها، ومصالح كلها، وحكمة كلها**، فكل مسألة خرجت عن العدل إلى الجور وعن الرحمة إلى ضدها، وعن المصلحة إلى المفسدة، وعن الحكمة إلى العبث، فليست من الشريعة، **وإن أدخلت فيها بالتأويل**، والشريعة عدل الله بين عباده، ورحمته بين خلقه، وظله في أرضه، وحكمته الدالة عليه وعلى صدق رسوله ﷺ أتم دلالة وأصدقها، وهي نوره الذي أبصر به المبصرون، وهداه الذي به اهتدى المهتدون، وشفاؤه التام الذي به دواء كل عليل، وطريقه المستقيم الذي من استقام عليه فقد استقام على سواء السبيل"(١٤).

وتحت عنوان :"**ليس في الشريعة شيء على خلاف القياس**" قال تغمده الله برحمته وأسكننا وإياه فسيح فردوسه وجناته موضحا الفرق بين القياس **الصحيح** والقياس **الفاسد**:

ب- "إنه **ليس في الشريعة شيء على خلاف القياس**، وإن ما يظن مخالفته للقياس فأحد الأمرين لازم فيه ولابد إما أن يكون **القياس فاسدا**، أو أن يكون ذلك الحكم **لم يثبت بالنص كونه من الشرع**"(١٥).

ج- "أصل هذا (أي القياس) أن نعلم أن لفظ القياس مجمل، يدخل فيه القياس **الصحيح والفاسد، والصحيح** هو الذي وردت به الشريعة وهو **الجمع بين المتماثلين والفرق بين المختلفين**، فالأول قياس الطرد، والثاني قياس العكس، وهو من العدل الذي بعث الله نبيه ﷺ، **فالقياس الصحيح مثل أن تكون العلة التي علق بها الحكم في الأصل موجودة في الفرع من غير معارض في الفرع يمنع حكمها، ومثل هذا القياس لا تأتي الشريعة بخلافه قط، وكذلك القياس بإلغاء الفارق وهو: أن لا يكون بين الصورتين فرق مؤثر في الشرع**، فمثل هذا القياس أيضا لا تأتي الشريعة بخلافه وحيث جاءت الشريعة باختصاص بعض الأحكام بحكم يفارق به نظائره فلا بد أن يختص ذلك النوع بوصف يوجب اختصاصه بالحكم ويمنع مساواته لغيره، **لكن الوصف الذي اختص به ذلك النوع قد يظهر لبعض الناس وقد لايظهر وليس من الشرط القياس الصحيح أن يعلم صحته كل أحد،** فمن رأى شيئا من الشريعة مخالفا للقياس **فإنما هو مخالف للقياس الذي انعقد في نفسه، وليس مخالفا للقياس الصحيح الثابت في نفس الأمر**... (فاعلم أنه ليس في الشريعة **ما يخالف قياسا صحيحا، ولكن يخالف القياس الفاسد، وإن كان بعض الناس لايعلم فساده**" (١٥).

* * *

٢٧- أيها القاريء العزيز تأمل مليا فيما **كشفنا حروفه** من الفقرات الثلاث الآنفة من أقوال الإمام إبن القيم رحمه الله تراها تدلك على **الداء والدواء** لمعظم إن لم نقل كل الخلافات بين علماء المسلمين وعاميهم على السواء، خصوصا في موضوع الربا الذي انقسم الناس فيه من علماء وعامين إلى قسمين، أكثرية وأقلية. يقول الإمام إبن قيم الجوزية رحمه الله:

أ. "الربا نوعان : **جلي وخفي، فالجلي حرم لما فيه من الضرر العظيم والخفي حرم لأنه ذريعة إلى الجلي، فتحريم الأول قصدا وتحريم الثاني وسيلة، فأما الجلي فربا**

النسيئة وهو الذي كانوا يفعلونـه في الجاهلية .. وأما (الخفي فهو) **ربا الفضل فتحريمه من باب سد الذرائع** .. فمنعهم من ربا الفضل لما يخافه عليهم من ربا النسيئة"(١٦).

ويستمر ابن قيم الجوزية رحمه الله قائلا :

ب."إن الشارع نص على تحريم الفضل في **ستة أعيان:** الذهب والفضة والبر والشعير والتمر والملح **فاتفق الناس على تحريم التفاضل فيها مع اتحاد الجنس وتنازعوا فيما عداها،** فطائفة قصرت التحريم عليها وأقدم من يروي هذا قتادة، وطائفة **حرمته في كل مكيل وموزون بجنسه** وهذا مذهب عمار وأحمد في ظاهر مذهبه وأبو حنيفة، **وطائفة خصته بالطعام إذا كان مكيلا أو موزونا** وهو قول سعيد بن المسيب ورواية عن أحمد وقول الشافعي،**وطائفة خصته بالقوت وما يصلحه،** وهو قول مالك وهو أرجح هذه الأقوال "(١٦).

ج." **وأما ربا الفضل فأبيح منه ما تدعوا إليه الحاجة كالعرايا،** فإن ما **حرم سدا للذريعة** أخف مما حرم **تحريم مقاصد،....وما حرم سدا للذريعة، أبيح للمصلحة الراجحة كما أبيحت العرايا من ربا الفضل، وكما أبيحت ذوات الأسباب من الصلاة بعد الفجر والعصر، وكما أبيح النظر للخاطب والطبيب والعامل من جملة النظر المحرم، وكذلك تحريم الذهب والحرير على الرجال حرم لسد ذريعة التشبه بالنساء الملعون فاعله، وأبيح منه ما تدعوا إليه الحاجة، وكذلك ينبغي أن يباح بيع الحلية المصوغة صياغة مباحة بأكثر من وزنها، لأن الحاجة تدعوا إلى ذلك،** وتحريم التفاضل إنما كان لسد الذريعة، فهذا محض القياس ومقتضى أصول الشرع، **ولا تتم مصلحة الناس إلا به أو بالحيل، والحيل باطلة في الشرع .. والذي يقضي منه العجب مبالغتهم في ربا الفضل أعظم مبالغة** .. إن التحريم يثبت **بنص أو بإجماع أو تكون الصورة المحرمة بالقياس مساوية من جميع الوجوه** للمنصوص على تحريمه **والثلاثة منتفية في فروع الأجناس مع أصولها** "(١٦).

٢٨- أما بالنسبة **لربا النسيئة** فيقول فيه علم آخر من أعلام علماء الإسلام وهو الإمام موفق الدين بن قدامة رحمه الله ما يلي:

أ- "اختلفت الرواة في تحريم النساء في غير المكيل والموزون، على **أربع** روايات : .. أن **العلة الطعم** فيحرم النساء **في المطعوم ولا يحرم في غيره** وهذا مذهب الشافعي .. والرواية **الثانية**، يحرم النساء في **كل مال بيع بجنسه** كالحيوان بالحيوان والثياب بالثياب **ولا يحرم في غير ذلك** وهو مذهب أبي حنيفة .. **والثالثة** لا يحرم النساء إلا فيما **بيع بجنسه متفاضلا فأما مع التماثل فلا**، لما روى جابر أن النبي ﷺ قال : الحيوان اثنان بواحد لا يصلح نساء، ولابأس به يدا بيد قال الترمذي هذا حديث حسن ... **والرابعة** يحرم النساء في **كل مال بيع بمال آخر سواء كان من جنسه أو غير جنسه** ... **وأصح الروايات هي الأولى**، لموافقتها الأصل . والأحاديث المخالفة لها، قال أبو عبد الله ليس فيها حديث يعتمد عليه"[١٧].

جاء في "**المغني**" للإمام ابن قدامه رحمه الله:

ب- وعن سعيد بن المسيب عن النبي ﷺ قال: "**لا ربا إلا فيما كيل أو وزن، مما يؤكل أو يشرب**"[٢٧].

✵ ✵ ✵

٢٩- والذي يؤسف له حقاً أن بعضا من **المتكئين على "النص" أو "النصوص"** في مسألة الربا لهم مكانة فقهية مرموقة في علوم الكتاب والسنة، ومنهم من ليس له تلك المكانة العلية كالتي للإمام إبن قيم الجوزية رحمه الله وفقهه المشهود وحتى من خصومه الذين أصبحوا على قارعة التاريخ قعود. ومنهم من لم يؤت حظاً من الفقه المطلوب للتصدي لكثير من الأمور. **وجميعهم يعلمون علم اليقين** أن ما هم به يزعقون وعليه يتكئون **هو نفسه الذي به يزعق و عليه يتكئ ومنه ينطلق ابن القيم ومن معه**؛ فما الخطب يا ترى في قوم ينظرون في **نصوص معينة وينطلقون من نفس المنطلقات الثابتة ومن ثم يختلفون اختلافات يسيرة أو كبيرة أو كلاهما معاً**. فهؤلاء يشفعون أقوالهم **بالجزم والعموميات والتأكيد القابل للنقض من مختلف المعهودات**، والإمام ابن القيم رحمه الله ومن معه يقدمون **الحجة والدليل بالاستنباط الرشيد**. فما العلة يا ترى؟ العلة تكمن فيما أوتي كل من غزارة العلم والفقه. ذلك أن الكثير من هؤلاء **شب وشاب** على ما أخذه من الآباء والأجداد، اعتقادا صادقا أمينا أنه الحق الصواب؛ والإمام ابن القيم رحمه

ا لله ومن معه أخذوا من الكتاب والسنة في هذا الصدد ما **يستنبط بثاقب النظر من اللبيب وذو السعة في العلم وفصل الخطاب**. وفي هذا المضمار ماأصدق وأبلغ قول المصطفى ﷺ، وهو الصدوق البليغ أبدا، حيث قال:

"**نضر ا لله امرأً سمع مقالتي فحفظها ووعاها وأداها، فرب حامل فقه إلى من هو أفقه منه، ورب حامل فقه غير فقيه**"(٢٨).

فالإمام ابن القيم رحمه ا لله علم علامة من الذين أنعم ا لله عليهم بالحكمة وفصل الخطاب. فهو ذو عقل رزين ونظر ثاقب وفقه مكين وفطنة رائدة. فقد وهبه ا لله قدرة على **الاستنباط الرشيد**، والذي به يهدي للتي هي **أقوم**، **ميسراً وموسعاً لخير دينه وأمته**، معتدا ومقتديا بقول الحق ﷻ: ﴿**وما جعل عليكم في الدين من حرج**﴾الآية؛ وقول المصطفى ﷺ: "**يسروا ولا تعسروا**". وكم كان أجدى وأنفع لو هب الجميع لحمد ا لله وشكره على أن من ا لله على هذه الأمة من **الجهابذة الأفذاذ** الذين منهم ذاك الرجل الرجل، الفذ الفطن، **والمستنبط الحذق** الذي يغوص في أعماق الكتاب والسنة وفي علوم وفقه من هم من خير خير خير القرون ثم يستخرج ما هو **في الحقيقة حلالاً حلالاً** وقد انعقد في نفوس البعض أو الكثير أن هذا الحلال الحلال **قد كان عندهم من المشتبه أو الحرام**. وهنا أيضاً يجدر بنا أن نذكر القول الصواب المفعم بالحكمة والرشاد لسفيان الثوري رحمه ا لله الذي قال مامعناه: **الكل يحسن التشدد، والفقه هو إيجاد الرخصة من الثقة**. فالإمام ابن القيم رحمه ا لله مثل عدد كبير من الصحابة، كابن عباس وابن مسعود رضوان ا لله علينا وعليهم أجمعين آمين. فهؤلاء فقهاء ثقة، فقد **فقهوا أن الشارع**:

أ. **خصص ستة أعيان بالنسبة لربا الفضل**. (انظر الفقرة ٢٧-ب)

ب- **والشارع** قال: "**لا ربا الا فيما كيل أو وزن، مما يؤكل ويشرب**"(انظر الفقرة ٢٨-ب)

جـ. **والشارع** أيضاً قال حديثا **شاملا مانعا**: "**لاربا إلا في النسيئة**". (انظر الفقرة ١٩-ب)

و "ربا النسيئة" كما يعرفه حبر الأمة وترجمان القرآن وصحبه الكرام **هو المتعارف عليه في الجاهلية**، والذي نزل فيه قرآن كريم تبيانا وتفصيلا (وقد بيناه في الفقرة ٥ الآنفة الذكر). ولا **ينحصر** "ربا النسيئة" في "**الأجل**" كما يحلو للبعض أن **يحيّزه كذلك**، بل يجب أن يؤخذ **كما هو** ويفهم **بكامل صورته** ودون أي نقص (**الأجل، التقسيط الموقوت للتضعيف، إبقاء رأس المال حتى القابل، والأداء أو الإرباء المضاعف و...**). فإذا **خرج** الشيء عن **الأعيان الستة المحرمة** وعن صورة "**ربا النسيئة**" **بكامل صورته**، فينطبق عليه قول الحق سبحانه:

﴿هو الذي خلق لكم مافي الأرض جميعاً﴾ البقرة ٢٩.

٣٠- إن ابن عباس وحشد كبير من الصحابة رضوان الله علينا وعليهم ومن بعدهم الإمام ابن القيم رحمه الله وأمثاله الكرام ومن لف لفيفهم بكل احترام وامتنان، لهم فقه، رضي الله عنا وعنهم وهدانا وإياهم أجمعين إلى صراطه المستقيم. وغيرهم لهم فقه آخر ولا عجب ولاتثريب. فإن لله في خلقه حكمة، فهو سبحانه يهب لمن يشاء حكمة وفطنة وغيرهم يضل بما رزق من المناسب من متوسط العقل أو القليل من المكنة. والحمد لله، فالكل لا مناص له إلا الرضى بما هو عليه من الجبلة أو الفطنة. والكيّس من وعى وسبيل الحق ابتغى ورضى. فالإمام ابن القيم رحمه الله يتعجب من"**مبالغتهم في ربا الفضل أعظم المبالغة...**" (انظر الفقرة ٢٧-ج). ومما يدعو للعجب أن كثيراً من هؤلاء يرددون كلمات ظاهرها **التهويل** وفي الحقيقة ليس عليها ذلك التعويل، **لقليل ما فيها من التبيين**. فمثلاً يزعمون أن "**الفقهاء أجمعوا**"، ويقولون: "**بإجماع أهل العلم**" أو "**بالإجماع**" أو "**هذا خلاف الإجماع**"، أو "**هذا ماأنكره أئمة الإسلام والمسلمين**" وغير ذلك من هذه العموميات التي **تنقصها الدقة** وعورتها لكل لبيب ظاهرة. يقول د/عمر سليمان الأشقر من كلية الشريعة جامعة الكويت : "**إن الإجماع الذي شغل كثير من الأصوليين به أنفسهم ضرب من الخيال يستحيل تحقيقه في عالم الواقع**[٣٧]". وخير ما يقال إزاء هذه الأقوال **جميعها** ماقاله الإمام أحمد ﷺ وأرضاه:"**من ادعى الإجماع فهو كاذب**"[٢٣]. وكذلك مقالة العلامة والفقيه الكبير الإمام ابن حزم رحمه الله وتغمده بواسع رحمته وفسيح جناته حيث قال ما معناه: إن **هذا الدين جاء للثقلين الجن والإنس**. فإن كنتم أحصيتم الإنس- **ولم تفعلوا ولن تفعلوا**- فأين أنتم من أمر الجن وإحصاء أقوالهم؟ ما أجمل هذا الرد وأفقهه من أبي محمد وتلك اللفتة الذكية. إن الإجماع الصحيح هو ما **اجتمعت عليه الأمة** وهو من **مستلزمات الدين ولن يكون على خطأ أبدا**.

✸ ✸ ✸

٣١- لا شك أن القارئ الكريم يعلم أن الفقه **أنماط**. فعلى سبيل المثال هناك مقالة لأحد دكاترنا الفقهاء الأفاضل رحمه الله، والتي تبناها بعض الدكاترة الفقهاء الأحياء غفر الله لنا ولهم وأمد في أعمار الأحياء مقرونة بالأعمال الصالحة طاعة لرب العالمين. تقول المقالة بصدد الآية الكريمة: "لاتأكلوا الربا أضعافاً مضاعفة ..." الآية، إنه لو أخذ بظاهر ألفاظ الآية الكريمة (وما المانع؟) هذه لكانت الأضعاف المضاعفة مايبلغ ٦٠٠٪ (ستمائة في المائة). ذلك لأن كلمة "أضعاف" **جمع، وأقله ثلاثة. فإذا ضعفت الثلاثة ولو مرة واحدة لكانت ستة!** ويضيفون في تعجب ويسئلون: "فهل يقول بهذا أحد؟"! (أي ما لم يكن الربا ستمائة في المائة وإلا لا يكون ربا)؟

أ- سبحان الله، سبحان الله. لو قال هذا الكلام **غير هؤلاء الأفاضل** لقلنا إن هذا كلام إما **مغالطة** مقصودة وهي على قائليها **مردودة**، أو أنها **حذلقة فاسدة لاتصلح للمقام**، وهي لذلك شائنة وعلى أصحابها ترد بطيب الكلام، أو أنها من باب **الجهل ببيان القرآن وبلاغته**. حقاً يحق لمن في هذا الأمر **ناظر أن يحتار ولا بالرد يجاهر إلا عند**

اللزوم فلابد أن يبادر -ذلك شهادة وقياما للحق فوق الاحترام لهؤلاء الأفاضل. وهم لتلك الشهاده يجب أن يهللوا ولا يمانعوا، إذ **أنهم ولا شك من أنصار إعلاء الحق فوق كل اعتبار.**

ب- إنه من المتفق عليه أن بيان القرآن في **أعلى** مراتب البلاغة المطلقة. وفصاحة القرآن لا تجارى وأسلوبه لا يدارى. ومرامي القرآن ستظل معطاءة إلى أبد الآبدين. وبالنسبة لمقالة شيوخنا الأفاضل، رحم الله موتاهم وأعز وأصلح أمر الأحياء منهم، آمين، نقول: من المعروف أن الأستاذ إذا قال لتلاميذه: **إفتحوا** كتبكم، **وخذوا** أقلامكم، **واكتبوا** مقالاتكم. فإن ذلك يعني أن **كل طالب بمفرده** يفتح **كتابه** ويأخذ **قلمه** ويكتب **مقالته**. وهكذا فقول الحق ﷻ: "يا أيها الذين **آمنوا** لا **تأكلوا** الربا أضعافاً مضاعفة..." الآية. يعني أن الحق ﷻ **يأمر كل مؤمن بمفرده** أن لا يأكل الربا **ضعفا مضعّفا**. وهذا كل ما في الأمر بالنسبة لكلمة "**أضعافا**" ولكن لماذا: "أضعافا **مضعّفة**" كما في الآية الكريمة؟ مرة أخرى عندما نقول نظر الناظر أشكالا **مشكلة** وأجزاء **مجزأة**. فإن ذلك يعني أن الناظر نظر إلى أشكال **معينة**، أي أنها لم تكن على هيئات مختلفة أو كيفما اتفق من الأشكال- **بعضها مشكل وبعضها غير مشكل**، إنها **كلها مشكلة**. وَوَصْفُها بأنها **مشكلة** أضفت معنى **أجزل وأدق**. كذلك الأجزاء **المجزأة**. فإن كل جزء منها **منفرد** غير متداخل مع مثيله أو جاره. فالصفة أضفت معنى **أغزر وحددت مفهوما أوضح**. كذلك كلمة "**مضعفة**" في الآية الكريمة فإنها وصفت تلك **الأضعاف** بما كان معمولا به حين نزول تلك الآية الكريمة. وغني عن البيان أن **التضعيف** قد يكون **ضعفا واحدا أو ضعفين أو ثلاثة أو أكثر**، ولافرق بين تلك الأضعاف **فكلها منهي عنها**. فالوصف بالمضعّفة **فوق بيانه البليغ** فإنه تعبير من نوع "الجامع المانع" فهو للسامع **أبهر** وعلى نفسه **أوقع**. وهذا من الجمال اللغوي وحسن البيان القرآني. وعليه فكيف بشيوخنا الكرام أثابنا الله وإياهم بكل خير وسؤدد لم يلتفتوا إلى هذا المعنى الشريف وعدلوا إلى التركيز على الذي أوردوه آنفا، وهو الذي **للتسائل قابلا وللتشويش الذهني للعامة فِراشا ممهدا**. إن المتدبر لمقالتهم لفي حيرة! فعسانا جميعا نرعوي وبالنسبة لكتاب الله وسنة رسوله نأخذ **بأشرف المعاني وأطيب المرامي**، إن في ذلك الخير كله حيث إنه إلى سبيل الصواب يهدي وبالرشاد والحق يغني.

جـ- ومع ما في هذه المقالة **مما يوجب** رده، دعونا **نفترض** أنها بلا علة. فعلى هذا **الافتراض** ما العجب ورفع السؤال: "فهل يقول بهذا أحد؟" نعم لربما لا يقول بهذا أحد **الآن**، وفي المستقبل المنظور لربما لن يُسمع عن **هذا ولا نصفه ولا ربعه ولا ثمنه**؛ ذلك أن **جميع الدول** تعمل بالقوانين الوضعيه والتي **لا تسمح بالفائدة** على المبالغ المودعة في البنوك **بأكثر** من نسبة تتراوح بين **٢,٥-١٥٪** بناء على عوامل عديدة ليس هنا مجال بحثها. وهناك دولة صناعية واحدة تسمح نظمها برفع تلك الفائدة "نظريا" إلى ٣٥-٤٥٪ لكنها **هي** ذاتها **لا تطبق** هذه النسبة العالية بل إنها تعمل ضمن ما يعمل به الآخرون في هذا الصدد. **والحقيقة أنه إن قال به أحد أو لم يقل** (ولربما يقال في المستقبل

وا لله أعلم) فإن **ذلك لا يغير ولا يبدل من الأمر شيئا**. ولتكن النسبة ما تكون طالما ذلك هو ما شرع الشارع ذلك أنه لربما **استوى في هذا الأمر** مثل ما يطلبه الشرع في مسألة **الزنا** من شهادة **أربعة رجال، ذكور، عدول، أحرار، مسلمين، قد شاهدوا "الميل في المكحلة"**[٢٤]. لربما قائل يقول وهذه الشهادة بعيدة الاحتمال وصعبة المنال. ونقول وحتى لو **ظهرت** أنها من **المحال**؛ فإن **الشارع** شرعهاوهو الحق الصمد الذي لا هشاشة في حكمه أو كمد. وللشارع في حكمه حكمة **قد ندركها أو تعز علينا وا لله أدرى متى شاء كشفها لمن من عباده يحب ويرضى**. وأخيرا **لماذا لا نأخذ بما أخذ به الصحابة الكرام وعلى رأسهم حبر الأمه وترجمان القرآن في هذا الصدد، ونبني عليه ما فيه لنا من السعة والمدد**، كما كان يفعل رضي ا لله عنهما، فهو الحبر الأكبر والبحر الغزير في علمه الذي إذا اختلف الصحابة في شيء **"انتهوا إلى قول ابن عباس"** (انظر أواخر الفقرة ١١).

د- إن الحلال والحرام من **عند الشارع الحكيم** وليس بالتقارير وحتى لو أولعت **بالجزميات** ولا بالتأييدات وحتى المشفوعة منها **بالتأكيدات** من **كائن من كان غير المشرع لكل زمان ومكان**. وهذا الدين الحنيف الذي أكمله ا لله ﷻ وهو أحسن الخالقين، قد بني على **المقاصد والنيات ومصالح العباد تتمحور حولها كل الأوامر الشرعية والمنهيات، لهذه الدنيا ولدار القرار**. إن البعض من فقهائنا الشرعيين هداهم ا لله وأصلح أمرهم يدلون بأقوال **سياسية وأخرى اقتصادية** تنقصها الدقة العلمية أو الفطنة و الحقيقة الميدانية لما يمس مصالح الناس في معاشهم وأموالهم! **وهذا ليس باتهام**. وإليك مثل من كتاب: "**فوائد البنوك هي الربا الحرام، دراسة فقهية في ضوء القرآن والسنة**" لفقيهنا وحبيبنا فضيلة الدكتور يوسف القرضاوي، أمد ا لله في عمره وجعله ذخرا للإسلام والمسلمين، ذلك أنه من الجند الأبطال الذين يشار إليهم بالبنان في الدفاع عن الإسلام والحمد والشكر لله على ذلك من قلب خاشع **ومنظور شاسع**:

> (١)"**وأما الحق الذي يراد به الباطل**. فهو ما يتعلق **بالتضخم وأثره في تناقص القيمة أو المقدرة الشرائية للنقود الورقية فهذا أمر واقع ولا نزاع فيه**".

الحمد لله رب العالمين على هذا **الاعتراف بالحق الواقع الذي لا ريب فيه**. ويستمر فضيلة د/ القرضاوي قائلا:

> "وقد **اختلف** المعاصرون من أهل الفقه في هذا الموضوع وفي حكمه وأثره في قضاء الديون ونحوها".
>
> (٢)"ولقد بحث الموضوع في (مجمع الفقه الإسلامي) التابع لمنظمة المؤتمر الإسلامي المنعقد في الكويت في شهر أكتوبر سنة ١٩٨٨م، **وانقسم الحاضرون إلى فريقين**: فريق **يرى أن هذا التناقص بسبب التضخم لا أثر له قط**، ما دامت النقود باقية تستعمل، ويباع بها ويشترى

ولم يلغ اعتبارها، **وإن تناقصت قيمتها. فالريال يُردّ ريالا، والجنيه جنيها، والليرة ليرة وان انخفضت قيمتها ألفا في المائة أو عشرة آلاف في المائة أو أكثر**. فهؤلاء يعطونها حكم النقود الأصلية في كل شيء".

هـ- إنا لله وإنا إليه راجعون، لا حول ولا قوة إلا با لله. يا فقهاء: إنكم خير من يعلم أن ا لله كرم الإنسان بما أنعم عليه من **العقل للتمييز وموازنة الأمور**.وقد استخلفه في الأرض ومنعه من أن يَظلم أو أن يُظلم. وأنتم تقرون بالحقيقة الواقعة أنه **نتيجة للتضخم** فإن **العملة الورقية تنقص قيمتها الشرائية وتقولون أن هذا "واقع لا نزاع فيه"**. ثم يقول من يقول منكم أن هذا التناقص بسبب التضخم **لا أثر له قط!** وإنه وان انخفضت قيمة العملة **ألفا في المائة أو عشرة آلاف في المائة أو أكثر** طالما أن تلك العملة باقية تستعمل ويباع ويشترى بها و لم يلغ اعتبارها !! ما هذا الكلام ؟ وأين رشدكم وفقهكم هداكم ا لله وأصلح أمركم ؟ ألا تعلمون أن **المصيبة المصيبة** أن العملة التي نقصت قيمتها ألفا وعشرة آلاف في المائة أو أكثر **لم تلغ**، ذلك لو أنها ألغيت لتحتم استبدالها ولكان الحل ممكنا **مع إلغائها وفي بديلها**؛ ولكن مع تضخمها كالمنطاد المنفوخ أبقيت عبئا على الناس لتزيد مصيبتهم ثقلا وحسرة، مشقة واكتآبا فضحيتها يحمل منها ما **ينوء به جهدا** للتبضع ويرجع باليسير من البضاعة! تصوروا لو أحد من أصحاب أحدكم استسلف **عشرين ألف ليرة** بتاريخ معين. ونتيجة **للتضخم الحاد والتآكل المالي الشديد بعد عام واحد** من ذلك التاريخ صار ذلك المبلغ لا يساوي أكثر من **عشرين ليرة فقط**. أي أن قيمته الشرائية لا تزيد عن عشرين ليرة فقط. ثم أن المدين أرجع لدائنه تلك "العشرين ألفا" **ورقا**؛ والكل يعلم أنها **إسم وشكل** "عشرون ألفا" **وحقيقة وواقعا** فإنها لاتزيد على **عشرين ليرة!** فهل يا ترى يقبل الدائن بذلك **راضيا ومقتنعا** أم سيكون له **موقفا آخراً** ؟ العقل السليم بلا أدنى شك يؤكد بأنه **لن يقبل**، وان استكره على القبول فإنه **لن يرضى ولن يقنع**.

(٣)"وفريق آخر يعطي هذه النقود حكم النقود الذهبية في الأصل لا في التفصيل، أي في أكثر الصور لا في جميعها".

و- اما الفريق الآخر "الذي يعطي هذه النقود حكم النقود الذهبية في الأصل لا في التفصيل في أكثر الصور لا في جميعها". فهذا كلام لا يستقيم معناه ولا يفهم مرماه بما يشفي الغليل وينير المستنير. كيف يتأتى إعطاءها حكم النقود الذهبية (كما جاء في د-٣ أعلاه) بنقود أصبحت لا تساوي الحبر الذي يطرزها؟ خذوا مثلا من واقع الحياة: من المعروف أن قيمة الذهب في **تزايد مطرد** والعملة الورقية في **تناقص مطرد**. فإذا استدان أحد **عشرة آلاف** ليرة في ١٩٨٠/١/١م، وطبعا الأخذ والعطاء كان كله بالورق. وهذا المبلغ في هذا التاريخ يساوي **كيلوجراما من الذهب** وبعد سنة أي في ١٩٨١/١/١م ونتيجة **للتضخم الشديد** فإن الكيلو من الذهب صار يساوي **مائة ألف من الليرة**؛

والليرة **نقصت** قيمتها بحيث صار مبلغ **العشرة آلاف** ليرة **لا يساوي أكثر من مائة ليرة!** وهذا المثل ليس وهميا بل إن بعض البلدان في الشرق الأوسط وأوروبا وأمريكا الجنوبية قد كانت ضحية لتلك المصائب في أحد أيامها الخالية. وهذه الحالة ومثيلاتها ليست فريدة بل قابلة للظهور مرة ثانية بل مرات متكررة وفي بلدان متعددة. فبناء على قول "الفقهاء" كما ورد في (د-٢) أعلاه، كيف يكون السداد وقت الوجوب ؟ كيف يقول أي عاقل داعيك عن "**فقيه**" أن هذا التضخم **مهما كبر** فإنه **لا أثر له قط؟!** فإن قيل التسديد يكون بكيلوجراما من الذهب فهذا **حيفه على المدين ظاهر**. وإن قيل بعشرة آلاف ليرة ورقية فهذا **في حق الدائن ظلم واضح**. إذا القول أن **التضخم لا أثر له قط** قول **أجوف**، لا يعالج الحقيقة المرة.

(٤)"والفقهاء في العصور الماضية حين بحثوا في قضية (الفلوس) أعطوها حكم النقود الأصلية إذا كانت نافقة، أي رائجة ومقبولة في العرف العام".

(٥)"أما إذا **كسدت** فتعامل معاملة "عروض التجارة" بمعنى أنها تقوّم على أساس أنها سلعة تغلو وترخص فتباع وتشترى بسعر السوق أي قيمتها من النقود الأصلية من الذهب والفضة. ويمكن أن تعامل النقود الورقية نفس المعاملة 'عند بعض العلماء' في حالة معينة، هي حالة الرخص الشديد لهذه النقود الورقية المتداولة فتعامل على أنها سلع تقدر بقيمتها، **وتدفع الديون القديمة على أساس القيمة يوم الوجوب**. وهذا كما في الليرة اللبنانية والتركية ونحوهما اليوم"[٢٦].

ز- أما العجب العجاب فيتجلى فيما (جاء في ٥ أعلاه). يقولون إذا **كسدت**. **وكسدت** أي أنها لم **تنفق لقلة أو عدم الراغبين فيها**؛ فهذا معنى كسدت في اللغة والعرف والتجارة وكل أوجه معانيها. فإن كانت بضاعة أو سلعة أو عملة **كاسدة**، أي **لا يوجد من يرغبها** فتعامل على أنها "**عروض تجارية**" وتقوم على قيمتها من النقود الأصلية من الذهب والفضة؟ هي **كاسدة** ولا يوجد من يرغبها، ومما كسّدها أنها في الحقيقة والواقع **لا تعتمد على أي شيء من الذهب والفضة لدعمها، ولا رصيد من الثقة فيها عند أهلها. فكيف تعاملها بقيمتها الأصلية من الذهب والفضة للسداد؟** وكيف تدفع الديون القديمة على أساس القيمة يوم الوجوب؟ هذا رجل اشترى سيارة **بمائة ألف ليرة**. استسلفها منك وبعد سنة صارت **المائة ألف ليرة** لا تساوي أكثر من **مائة ليرة بالنسبة للقيمة الشرائية الحقيقية في سوق التجارة**. فمطلوب من الدائن أن يقبل مائة ألف ليرة عند وجوب إرجاع الدين من المدين له مائة ألف ليرة "**إسما وشكلا**"، علما أنها في الحقيقة لا تزيد عن **مائة ليرة حقيقة وواقعا؟!** هل هذا معقول ؟ **ومن يقبل به إلا من به ما به من المتربة في عقله بعد ماله؟!**

حـ- إن كلام هؤلاء الفقهاء لو قاله أشخاص عاديون لرد عليهم واتهموا **بالجهل**. ولكن هذا قول من **"علماء"** و **"فقهاء"**! وعلى ذكر **الجهل** أعاذنا الله وفقهاءنا منه يستحضرني قول من أقوال الشيخ الحبيب محمد متولي الشعراوي كرمه الله وأمد في عمره وأكثر لنا وله من صالح الأعمال، بخصوص كلمة **"جهل"**. فشيخنا محمد الشعراوي جزاه الله خيرا عند سماعك له كثيرا ما يتحف سامعيه بتعاريف في منتهى **الدقة والبيان** أو **التباين، وغزارة المعنى وشمول المبنى**؛ فهو يقول بالنسبة لكلمة **"جهل"** ما معناه: من السهل إقناع الأمي -أي ذلك الشخص الذي ليس بدماغه شيء شاغله، إذ تقال له الحقيقة فيأخذها ويريح ويستريح. أما **"الجاهل"** فهو ذلك الشخص الذي **انعقدت** في ذهنه **"حقيقة" فاسدة** -أي اعتقاد باطل انعقد في نفسه والحقيقة الحقة المعنية هي **ليست بالضرورة كما انعقد في نفس ذلك الإنسان. فهذا الإنسان يكون جاهلا في ذلك المضمار وإن كان في غيره من الجهابذة الأعلام**. ذلك أن إقناعه **أصعب**، حيث يُحتاج إلى **إخراج ما في ذهنه أولا**. وهذا في حد ذاته **صعب المنال**. ثم عرض **الحقيقة الصحيحة بدليلها وبيانها** عليه. وهذا العرض يكون **صعبا** أيضا لمكافحة ذلك العرض من قبله، ذلك لأن صاحبنا هذا **"ملوث الدماغ"** بمعطيات ونتائج **"الحقيقة" الفاسدة**، التي ظلت في دماغه **ردحا من الزمن تعمل عملها وهو بأتم الرضى بما لها وهو لا يرى ما عليها إلا ربما لمما**. ثم إقناعه **بفساد "حقيقته"** **السابقة وصحة الحقيقة الجديدة** وهذه الخطوة أيضا **فيها من الصعوبة الشيء الكثير**، خصوصا إن كان هذا من **الجهابذة الأعلام**. ذلك أن الشخص قد يكون من الذين **"شب وشاب"** على تلك "الحقيقة" الفاسدة فهي عنده **مسلّمة وغير قابلة للنقاش** وإن حاول أحد تغييرها فإنه لربما قابله بالمكابرة اللدودة أو دفاعا عن "كرامة شخصية" إذ كيف يكون ليس **هو أو الذي يقتدي بهم** لم يكتشفوا تلك الحقيقة الجديدة؛ وشخصيته الآن صارت تتعرض "لمكيدة" محسوسة؛ أو أن به **عجزا** حقيقيا لفقه الحقيقة الجديدة أو أن **معطياتها ونتائجها عليه نفسا ومركزا ثقيلة**، فهو قد **لا يستطيع تحمل نتائج الحقيقة الجديدة**. فلربما أن نتائج الفكرة الجديدة **قد تغير رأي الآخرين فيه ومكانته عندهم سلبا**. ولا تحقرن ولا تهونن من مسألة رأي الإنسان بنفسه ومكانته **وما هو يرى الآخرين كيف يرونه**. إن مقالة حبيبنا الشيخ الشعراوي بصدد كلمة **"جهل"** لمقالة جميلة فيها تحليل ثاقب لفكر رائد. فهل يا ترى أن **كل الناس (إلا من رحمه الله وعصمه)** المتخصص وغير المختص **ضحية لدرجة ما من الجهل فهي فيه حتى يتركها** ؟! ومن أقرب الأمثلة على ذلك الجهل ذلك الكلام **الغث** الذي يقول **"كل قرض جر نفعا فهو ربا"** (انظر الفقرة ٣٤). كم من المسلمين، بما فيهم بعض **"العلماء" انغش** فيه وكم من الملايين صاروا **ضحية** له أردحا من الأزمان! والكثير الكثير **لا يزالون يعتقدون في صحته وكأنه حديث صحيح**! يا حسرة على هؤلاء العباد !

ط- ولكن لنرجع إلى ما اقتبسناه من كتاب حبيبنا فضيلة الدكتور يوسف القرضاوي أمد الله في عمره وأكثر لنا وله من العمل الصالح - آمين.

مرة أخرى نقول إن الأفكار الواردة فيما **كثفنا حروفه** (في الفقرة د-٢ و ٣١-و-٥) لشيء عجاب! تصور مثلا أيها القاريء العزيز أن هؤلاء يأخذون رأس المال **"مسمى وشكلا"**. **وهم خير من يعلم أن الإسلام لا يقوم على "المسميات والشكليات"**. بل يعتمد على **المقاصد والنيات والحقائق الثابتة لصون مصالح العباد**. ولكن الأمر انعقد في نفوس هؤلاء "الفقهاء" ومن الصعب أن تجد لتبديله سبيلا. ولا أعرف لو ألمت بأحدهم هذه المصيبة (لا سمح الله)، هل يقبل ويسكت أو يرى بها **حيفا ولا يصمت**. على أي حال إن موقفه **شخصيا** قد لا يتقرر به شرعا أو عرفا. أما الشرع فلا يقبل وكذلك فالعرف أيضا لا يقبل، وظني أنه هو أيضا لا يقبل. إن الحق والصواب أن **الشرع مبني على المقاصد والنيات، ومصالح العباد تتمحور حول ذلك لهذه للدنيا ودار القرار**- وهذا التدهور في العملة الورقية لبلد ما في وقت ما نوع من **الظلم** لم يكن للذي مثلا يقدم السلفة لأحد ما أية مسؤولية مباشرة في تناقص العملة وما عسى أن يطرأ عليها، والله حرم الظلم على نفسه وحرمه على عباده من أي مصدر كان. فعندما قال الحق ﴿ لكم رؤوس أموالكم ﴾الآية، إن الحق يقصد كما أنك عندما أعطيت رأس مال **معين نويت وقصدت** أن تأخذه كما هو **حقا واقعا كاملا لا إسما أو شكلا**. والإسلام لا يهتم **بالمسميات والشكليات بل يهتم بالحقائق وواقع الأحوال لصون مصالح العباد** في كل مكان وزمان، والشرع يصون ذلك بحكيم الأقوال الماثلة لكل إنسان. فمن رأى بصلاح السداد **إسما وشكلا على حساب مصالح العباد فذلك له إن هو أصر على ذلك**؛ ولكنه بذلك الإصرار **يصادم مقاصد الإسلام الصحيحة** التي ليس فيها **ضرر ولا ضرار**.

ي- كما تبين آنفا أن فضيلة الدكتور يوسف القرضاوي وفقه الله يصف الفريقين من الفقهاء فيقول: "يعطونها (أي العملة الورقية) حكم النقود الأصلية من الذهب والفضة في كل شيء. وفريق آخر يعطي هذه النقود حكم النقود الذهبية في الأصل لا في التفصيل، أي في أكثر الصور لا في جميعها".

١- يا فقهاء زادكم الله علما: ألا تعلمون وأين من هم لكم مستشارون في الاقتصاد وتبادل العملات؟ أنه ومنذ أمد طويل (وإلى الأبد على مايبدو) الدول **ألغت، ألغت التعامل بالذهب والفضة كعُمل في جميع أنحاء العالم**. ذلك **أنه لا يوجد ما فيه الكفاية من الذهب أو الفضة أو كلاهما معا لتسيير اقتصاد العالم ولا حتى نصفه**. وكل العالم صار متداخلا بعضه مع بعض، الغني والفقير، الصغير والكبير، في حلبة إقتصادية عالمية واحدة. فالكل يؤثر فيها ويتأثر بها، ولا مناص لأحد من ذلك. لذلك اعتمدوا ما أطلقوا عليه **"حقوق السحب الدولية"** ولا مجال لمناقشة مبدأ **"حقوق السحب الدولية"** تلك هاهنا. وكل ما يعنينا أنه مثلا الدولار الأمريكي له ما يعادله من الذهب **كمية**

معينة، إسما وفعلا. لكن لا توجد كمية من الذهب او الفضة تغطي كل الدولارات المتداولة ولا حتى نصفها. وهذه الحقيقة تنطبع على كل عملة ورقية في جميع أنحاء العالم والشيء الوحيد الذي يجعل العملات تظل في تداول مستمر هو ما **يوليه الناس من الثقة في تلك العملة أو ذيك** بناء على مبدأ "**حقوق السحب الدولية**". أي ثقة ؟ تلك التي تخول من بحوزته تلك العملة أن يستبدلها بما يحتاجه من المأكول أو المشروب أو الخدمة لنفسه أو لغيره أي "**القيمة الشرائية**" لتلك العملة. و"**القيمة الشرائية**" لكل عملة **دوما في تناقص لا ينقطع** وهذا التناقص يعلو ويهبط في **دركات النقص** باطراد مكين لكل من أراد أن يستبين. وعلى هذا كيف تعطى هذه النقود الورقية حكم النقود الأصلية من الذهب والفضة التي **في ذاتها** قيمة **مستقرة** أو **متزايدة** تزيد وتنقص في **درجات الزيادة المستمرة**؟ يا فقهاء المسلمين أين المنطق السليم الذي وصاكم به الله لهدي عباد رب العالمين؟

٢- ثم كيف بإنسان عاقل ناهيك عن "**فقيه**" أن يقرر فقط **بالجزم والتأكيد** أن **الخسارة التي لا مناص منها** -أي أنها حقيقة متحققة ١٠٠٪- يجب **أن تقبل بالرضا (عندما يقرون أنها واقع ولا نزاع فيه، ثم في نفس النفس يضيفون أنها لا أثر لها قط)**؟ لا شك أن كل مؤمن يعلم أو يُعلّم بقول الحق:

﴿وما كان لمؤمن ولا مؤمنة إذا قضى الله ورسوله أمرا أن تكون لهم الخيرة من أمرهم ...﴾الآية.

سورة الأحزاب:٣٦

وأيضا كل مؤمن ومؤمنة على يقين ثابت لا يتزعزع أن الشارع الحكيم لم يجعل له في دينه"**من حرج**" -أي **ولا أقل ما يقال له حرج**؛ بل جعل الدين **يتمحور حول مصالح البشر دنيا وآخرة**. وأمر الشرع أن يحافظ الإنسان على **نفسه، وعرضه، وماله**؛ وقال ﷺ في حجة الوداع لكل مؤمن ومؤمنة بل **لكل الناس** أن دماءهم وأعراضهم وأموالهم حرام عليهم كحرمة يومهم ذاك وشهرهم ذاك وبلدهم ذاك. **وصار بديهيا أن كل ما أمر به الشرع فيه مصلحة وكل ما نهى عنه فيه مضرة. وكذلك كل ما فيه مضرة فهو ليس من الشرع بشيء. وكل شيء انتفت منه المصلحة المشروعة فهو ليس من الشرع في شيء**. فكيف بإنسان مؤمن يعلم **علم اليقين بخسارة واقعة لا مناص منها ودرؤها ممكن بقليل من التقنين الممكن** وفوق ذلك ينصح أخاه المسلم بأن يقبل الخسارة راضيا ولا يدرؤها عن نفسه أو غيره بل وعليه أن يكون بذلك الحيف قانعا ؟!

ل- إن تلك النصيحة عند معظم الناس إن لم نقل كلهم نصيحة **ضيزى**؛ فلن يقبلها العقل السليم إلا **بالاستنكار أو الإهمال**. ثم إن كل مسلم مطالب بنشر الإسلام. فكيف بالمسلم يقنع من يريد الدخول في الإسلام بمنطق **ظاهره الإعوجاج ونتائجه الخسران المبين** عند الناس أجمعين بما فيهم الداعين لهذا المنطق السقيم (أو يا ترى كيف نسميه؟) إذ أنهم أنفسهم لايستطيعون درء مغباته وعظيم سيئاته، ولكنهم به يسلّمون وعليه يحضّون.

م- وكذلك فإن بعض "**الفقهاء**" (غير الدكتور القرضاوي ولا نسميهم) هداهم الله يكتب في كتاب له ذاكرا أن ما كل ما فيه مصلحة يقبل ويعمل به، ويضرب لهذا القول مثلا **بالخمر** فإن فيها مصالح وهي محرمة! هذه المرة، بالنسبة لقول هذا "الفقيه"، نقول سبحان الله ثلاثا، فسبحان الله، سبحان الله، سبحان الله. كيف يصدر هذا ممن يعد من العارفين بالشرع ناهيك عن "**فقيه**"؟ أولا إن الخمر محرمة **بعينها**. ثانيا مصائب وآثام الخمر **أكبر من منافعها**، فلو لم تحرم (وهي والحمد لله محرمة قطعا وبتاتا) لرأى فيها أي ناظر أخطارا تفوق بكثير ما فيها من بعض المنافع. فهي أولا وأخيرا **لا تصلح أن يضرب بها المثل من جملة "مصالح العباد"**؛ نعم المصالح التي **يجد الإسلام في إيجادها وحمايتها** أنى وجد لذلك سبيلا شرعيا **بصريح قول الشارع أو مستنبطه من قبل الثقة الموهوبين من باطن الشرع أمرا ونهيا.**

ن- إن المصلحة المرخصة أو المستنبطة من الثقة أو المسكوت عنها يجب صونها وصيانتها -أي حفظها وتعهد إصلاحها دوما وأبدا. ولنتذكر حديث الرسول ﷺ "**يسروا ولا تعسروا** .." ولنتذكر أيضا قول الإمام إبن القيم رحمه الله وحديث أنس رضي الله عنه عن النبي ﷺ الذي قال: "قال رسول الله ﷺ **لا تشددوا على أنفسكم فيشدد الله عليكم، فإن قوما شددوا على أنفسهم فشدد الله عليهم...إن تشديد العبد على نفسه هو السبب في تشديد الله عليه إما بالقدر وإما بالشرع**" (إنظر الفقرة ٢١-ب).

* * *

٣٢- وفي ضوء ما تقدم دعونا ننظر على سبيل المثال إلى ١٠٠٠ شخص لكل فرد منهم ١٠٠٠ وحدة من عملات البلد **فائضة عن حاجته**، وكل طبعا **لايستطيع عمل أي عمل له شأنه بألفه**، وعليه أودعه في البنك. ولايخفى أن وضع أي مبلغ في البنك يخضع **لعدة أشكال من العقود الإستثمارية أو الأئتمانية**، من مرابحات ومضاربات أو حسابات جارية وغير ذلك، مما لا اعتراض عليه من أحد. لكنا دعونا **ننظر في عمل يعترض** عليه الكثير من الناس على أنه من "**باب الربا**". وعليه فلنفترض أن كل من أصحاب الألف ريال الآنفي الذكر قد أودع ألفه في البنك **معطيا البنك** حق التصرف في هذا الألف **لأجل معين بزيادة معينه**، متواضعة للمبلغ المذكور، ولنفترض أنها ٥ ٪؛ حيث أنه إن لم تعين النسبة من قبل البنك **مقدما** فإن لذلك مغبات لاتحمد عقباها **عند كثير من الناس**. فمثلا هؤلاء الناس يرون أنه قد **تسول للبنك نفسه أن لاينصف مودعيه ويبخسهم حقوقهم** عند الوفاء لهم، إذ قد يكون من **المغري** للبنك أن **يثري نفسه على حساب المودعين** الذين أصبحوا تحت كرم البنك وما عساه أن **يتفضل** عليهم من عوائد لأموالهم في نهاية مدتهم. ذلك لأن البنك **غير مقيد بأي شيء محدد ولا يوجد من يضمن أن البنك في تعامله دوما يرقب بالنسبة لعملائه إلا أو ذمة!** فإدارة البنك متى كانت بغيتها ذلك، فإنها تجد مختلف الوسائل لتضخيم "**تكاليف التشغيل**" مثلا، وهذا مجاله واسع، بحيث تكون **تلك "التكاليف" على حساب الأرباح المتوقعة**، وهناك وسائل عديدة "**لتبرير**" تلك

"**التكاليف**" أمام لجان المراقبة أو التدقيق! خصوصا عندما يكون الانتفاع بتلك "التكاليف" بين "**جماعة منتفعة**" في داخل إدارة البنك. ذلك أن تلك "**الجماعة المنتفعة**" متى ما وُجدت فإنها ولا شك تعمل دون أن ترقب إلا أو ذمة، وهمها الوحيد هو **أعلى منفعة لذاتها بأكبر (تمويه) تغطية تبريرية لأفعالها**. وأيضا فإن شريحة كبيرة من المودعين أنفسهم في **جهل ووجل بل خوف مطبق**، حيث أن الإنسان عدو لما يجهل ويخاف مما يجهل. فتلك الشريحة **لا تستطيع أن تحسب حسابا ولا تطمئن** آمنة **على مالها أو استثمارها**، إن لم تكن **على علم مسبق** بما ستؤول إليه مدخراتها.

هنا نحن نتحدث عن **صنفين** من الناس. **أحدهما** طيب القلب يولي ثقته لكل طالب لها، ولا يظن السوء بأحد. فهو يرضى بكل آت له أو عليه. وكثيرا ما يكون هذا الصنف مرتعا خصبا لشياطين الإنس وما يمكرون. **وصنف آخر** مؤمن با لله لا يظن السوء بأحد وهو يرضى بالقدر خيره وشره ولكنه دوما **يحتاط، ليمنع الآخرين من ظلمه أو ظلم أنفسهم** -لعلمه: ﴿إن الإنسان ليطغى أن رآه استغنى﴾ سورة العلق:٧. فهو لا يطمئن إلى البنك إلا **بعد تقييده مسبقا لنفي الظلم بينهما أصلا**. وهذه الطوية أو تلك جبل الناس على إحداهما، فهؤلاء دوما **يحتاطون من مغبات الأمور، فهم يجدّون لتقييد البنوك مسبقا للعلم ودرء الظلم؛ وهؤلاء سمحون منقادون بخير ظواهر كل مسموع، فهم كثيرا ما يرددون أنهم على ا لله متوكلون**. وفي كل خير إن شاء ا لله. والبنك تراه دوما مستنفرا لاستقطاب هذا وذاك.

إن هذين الصنفين من الناس بالنسبة للنظر في **تقييم الأمور** أشبه بذلك الجمع الخير المبارك الذي خاطبه الرسول ﷺ قائلا: "لا يصلين أحدكم العصر إلا في بني قريظه". فساروا مسرعين؛ فأدركتهم صلاة العصر في الطريق. ففريق صلاها **قبل فوات أوانها**، لعلمهم: ﴿ إن الصلاة كانت على المؤمنين كتابا موقوتا ﴾ النساء:١٠٣، وحملوا أمر الرسول ﷺ على **قصد السرعة**. وفريق لم يصلها إلا في بني قريظة **بعد مضي وقتها**، حاملين الأمر على **ظاهره**. وعندما علم الرسول ﷺ بما كان من الفريقين رضي بما فعل الفريقان. كذلك الناس ومستودعاتهم في البنوك. إن أموالهم عليهم عزيزة، وكل يرغب من البنك أن يعامله على ما جبل عليه من طوية -إما بالثقة **وطيبة القلب** أو الثقة **الموثقة بكل ما يمكن من سابق العلم والاحتياط بلا أي ريب**. وعليه فلا مجال لتخطئة هذا أو ذاك. فمن كان على هذه الجبلة أو تلك فله ما لها وعليه ما عليها. وهذا أمر ا لله في خلقه وحكمته في عباده. والبنك يجدّ في إرضاء هذا وذاك. لذا تجده يعلن **مسبقا** نسبة الربح للمبالغ التي لربما أودعت فيه بغية لتلك النسبة؛ ومن لا يهمه ذلك فلا تثريب على أحد. وهناك من **يعترض** على هذا التحديد المقدم من البنك **مسبقا** على أنه زيادة على رأس المال، وهذه الزيادة هي "**عين الربا**" !!

وهذا قول **ليس بدقيق** إن لم يكن **يجانب الصواب** بكل تأكيد، وذلك من عدة أوجه:

أ - أنه لايطابق **بالقياس الشرعي الصحيح** أي قول من كتاب أو سنة **إلا تأويلا و بعموميات جازمة وتأكيدات تنقصها الحجة البينة -أي تأويلا قابلا للمعارضة الشديدة**؛ وفي أحسن الأحوال فإن هذا التأويل لا يمثل

الصواب **كله، بل فيه للناظر المستنير بعض العلة**. وإياك والاعتماد على العموميات المعهودة، مثل: "أجمع الفقهاء" ، "أجمع أهل العلم" وما شابهها. إن الحلال والحرام **لا يتقرران** بمثل هذه الأقوال (انظر آخر فقرة ٣٠).

ب- أنه يصادم قول الحق ﷻ في الآية الكريمة التي تؤكد أن لكلٍ رأس ماله، حتى للذي كان يتعامل بالربا فتاب: ﴿وإن تبتم فلكم رؤوس أموالكم﴾ البقرة ٢٧٩. فبما أن الناس يتعاملون **بعملة ورقية ليس فيها قيمة ذاتية**، بل إنها أحيانا لاتساوي الحبر الذي يطرزها، فإن تلك العملات - **وبدون أي استثناء لأي منها - تقل** قيمتها **سنة بعدسنة** (انظر الفقرتين رقم ٢٢، ٢٣ آنفا) فأين **كامل** رأس المال بعد **عام أو أعوام**؟ إنه **أقل** مما كان. ومن يرضى **بالأدنى** في الخير إلا من قصر قياسه على ما جاءت به الشريعة الغراء لمصالح العباد وحفظا لأموالهم ومحافظة على مكاسبهم؟ إن الزيادة **الإسمية** للاحتفاظ برأس المال **تماما كما كان** من حيث **القوة الشرائية**، لا يمكن أن يكون من الربا لأن الإسلام مبني على **الحقائق لا الأشكال** والأوهام. ومصالح العباد تقضي **الإلتزام بالحقائق لا الأشكال**.

ج- إن تحديد المردود المالي **مقدما يلغي** أي وجود لأي **غرر أو شبهة** في التعامل بين الأطراف المعنية. **والغرر** كما هو معروف **محرم شرعا**، وهو مثل بيع اللبن في الضرع، وبيع حمل الدابة في بطنها، وبيع السمك في البحر مطلقا، وقد كانوا في الجاهلية يعتادون ذلك فأبطله ﷺ ونهى عن:

> "بيع المضامين والملاقيح وعن بيع حبل الحبلة. قيل المضامين ما تتضمنه الأصلاب والملاقيح ما تتضمنه الأرحام، وقيل عكس هذا، المضامين ما تتضمنه الأرحام والملاقيح ما تتضمنه الأصلاب" [١٨].

ذلك أن في الغرر ما لا **يُقدر** على تسليمه سواء كان **معدوما أو موجودا**. وفيما نحن بصدده فإن **جشع** البنك قد **يمنعه** من إعطاء **كامل** الحقوق لأصحابها، أو **يبخسهم إياها بمختلف التبريرات**، إذا ظل تحديد مردوداتهم سرا **تحت سلطان البنك نفسه إلى حين وجوب استحقاقهم**. أما إذا قيد البنك بتحديد **مسبق** فذاك **يحد** إن لم نقل يمنع جشعه أو غمطه أو هضمه. وواضح أن هذا التقييد المسبق -أي العلم المعلن- **لمما يعينه** على درء الظلم الذي يمكن أن **يضمر**. وغني عن البيان أن العلم في الإسلام أفضل من نقيضه، وكذلك في منطق الإنسان.

* * *

٣٣- ولقائل أن يقول **وإن خسر المشروع أو البنك خسارة جزئية أو كلية، لأحدهما أو كليهما**؟ الجواب أن هذه حالة **إستثنائيه** تعالج **حسب معطياتها الذاتية طبقا لمقتضيات الحال وحسب ما جاءت به الشريعة الغراء** والحاوية لعلاج **كل** شأن يمكن أن يخطر على أي بال. رحم الله ابن قيم الجوزية الذي يقول:

"إذا سئل المفتي عن حادثة **قبل وقوعها**، فهذا **لا يجب على المفتي أن يجيبه عنها**، وقد كان السلف الطيب إذا سئل أحدهم عن مسئلة يقول للسائل: **هل كانت أو وقعت؟ فإن قال: 'لا'، لم يجبه** ... قال ابن عباس ﷺ لرجل سأله عن تفسير آية: وما يؤمنك إني لو أخبرتك بتفسيرها كفرت به؟ أي جحدت وأنكرت وكفرت به، ولم يرد أنك تكفر با لله ورسوله"[٣٤].

✸ ✸ ✸

٣٤- وكذلك لنفترض أن شخصا ما لديه مشروع مربح بنسبة ٢٠٪؛ وهذا المشروع يحتاج إلى مليون وحدة من عملة البلد وصاحب المشروع لايجد شيئاً من عملة البلد تلك . فذهب إلى البنك وعرض مشروعه وجدواه الاقتصادية. بعد دراسة من قبل البنك اتضح للبنك أن المشروع فعلا في منتهى الجودة وأن الـ ٢٠٪ كنسبة ربح متوقع فعلا نسبة ممتازة ومتوقعة بلا شك. هنا قال البنك لصاحب المشروع :

البنك مستعد لتمويل المشروع بالمال المطلوب شريطة تقاسم الـ ٢٠٪ بالنصف، أي للبنك ١٠٪ ولصاحب المشروع ١٠٪. وافق صاحب المشروع والبنك لديه الآن ألف وديعة كل واحدة تساوي ألف وحدة، أي لديه ١٠٠٠×١٠٠٠ =١٠٠٠٠٠٠ فأعطى هذا المليون، طبعا على دفعات ووفق جدول زمني محدد بناء على ما نفذ على الطبيعة، أعطى صاحب المشروع لتمويل مشروعه. شرع صاحب المشروع في تنفيذ مشروعه واحتاج أن يوظف الجزء الأكبر إن لم يكن كل من هؤلاء الألف شخص الذين أودعوا مبالغهم عند البنك المذكور. فالأشخاص الآن: (١) **ينتفعون بدخول تدر عليهم نتيجة لقيام المشروع.** (٢) **ويستفيدون أن البنك ضمن لكل منهم ٥٪.** (٣) **والبنك استفاد ٥٪ نظير عمله.** (٤) **وصاحب المشروع استفاد من قيام مشروعه وربحه الصافي.** (٥) **والمحلة التي قام فيها المشروع انتعشت واستفادت من دخل المشروع وإنتاجيته.** (٦) واضح أن **مصلحة الجميع متحققة** بلا جدال؛ والمهم أن **ليس هناك أي ضرر على أي أحد البته، بل الجميع استفاد وأفاد. والشارع حرص على أن لايقع ضرر على أي أحد.** إن الخمسة في المائة (٥٪) التي قدمها البنك مقابل ما أودع فيه قد: (أ) **تغطي** ما أصاب المال من جراء **"التآكل المالي"** الذي **لا مناص منه، وكل الناس فريسة له كل يوم من أيام السنة وفي كل مكان،** أي أنها قد تحافظ على "رأس المال" **كما كان قبل سنة** دون نقص للقوة الشرائية لذلك المال. (**ب**) قد **تزيد** بمقدار معين. فإن كانت الزيادة، فإنها تكون **تعويضا** عما فات المودع من إمكانيات الإستثمار لماله. (**جـ**) وأيضا تساعده على دفع ما **يتوجب** عليه لما في ماله من حق معلوم للسائل والمحروم (الزكاة). وبذكر الزكاة جدير بنا أن نضع نصب أعيننا أنه **يتوجب** على كل إنسان، خصوصا المسلم، **أن ينمي** كل ما عنده من مال، خصوصا ذلك المال الفائض عن حاجته، وحتى لو لم توجب

فيه الزكاة -أي أنه لم يحل عليه الحول أو لم يكن نصابا. إن أي مبلغ لا يستثمر فإن "**التآكل المالي**" سيقضي عليه بعد فترة من الزمن ويحيل "قوته الشرائية" إلى ما **يشبه الصفر**. والحقيقة أنه حتى الكثير من المال سيصير مآله **الهلاك** إن لم يستثمره صاحبه. ذلك أن المسلم يزكي بربع العشر (٢,٥٪) من ماله الموجب للزكاة وهذا المال الكثير الذي عند شخص مسلم والذي **لم يستثمره** وظل يدفع الزكاة عليه سنة بعد سنة (وإن كان يعد **بالبلايين**) فإنه يفنى بعد زمن معين. فالذي لا يستثمر ماله لا يوصف **بالغباء فقط بل يعتبر من المقصرين في حق ماله ونفسه والمسلمين!** إن الله استولاه على ذلك المال **فكان عليه تنميته، فإن لم يفعل فتقصيره واضح**. وهو كذلك سيصير **مذموما محسورا** على ما **فرط** في تنمية ماله لنفسه. وهو **مقصر** نحو الآخرين لأنه حرمهم من تشغيل ذلك المال **وديمومة تزكيته**. فإن كان صاحبنا هذا من الصنف المردد أنه من "**طيبي القلوب المتوكلين**" فلعله لا يجد سبيلا **مريحا له** إلى تنمية ماله إلا بما يعلن البنك **مسبقا** من نسب معينة لكل مال يودع فيه لمن يرغب. فإن هذا الشخص وضع ماله في البنك وأصابه ما يصيب الذي **يحتاط للعلم ودرء الظلم** وبذلك **سلم من الخسارة وتيقن من المصلحة. فإن كان هذا الذي حقق المصلحة لكل من يهمه الأمر، والضرر الفعلي فيه أصلاً منتف، "من باب الربا"، كيف يكون تطابقه من كل وجه مع ماحرم الشرع صراحةً؟ نعم يكون بالتأويل جزما أو إصرارا؛ وليس بالحجة الدامغة أو البرهان الظاهر والدليل الساطع لكل العقول السليمة.**

✸ ✸ ✸

٣٥- الأمر الذي يؤسف له حقا أن الكثيرين، بما فيهم بعض "العلماء"، هداهم الله وأصلح أمرهم يرون ويعتقدون أن: "**كل قرض جر نفعا فهو ربا** " هو حديث للمصطفى ﷺ **وما هو بذلك**. وإني قد قرأت الكثير وناقشت الأكثر بالنسبة لهذا القول. وأحسن ما أعجبني بصدد هذا هو قول العلامة الكبير والفقيه المعروف الإمام إبن حزم رحمه الله وتغمده بواسع جناته. يقول الإمام ابن حزم بالنسبة لهذا القول "**الغث**" الذي لايمكن أن يكون من أقوال المصطفى ﷺ :

> أ- "ثم أين وجدتم المنع من سلف جر منفعة **في أي كتاب الله وجدتم ذلك ؟ أم في أي سنة** لرسول الله ﷺ ؟ **أم في أي قول صاحب ؟** ثم **العجب كله أنه ليس على ظهر الأرض سلف إلا وهويجر منفعة** للمستسلف ولولا أنه ينتفع به ما استسلفه، فما سمعنا بأبرد ولا بأغث من هذا القول[١٩]".

وجاء في "التحديث" بما قيل لايصح فيه حديث " لبكر عبد الله أبو زيد صفحة ١١٣:

ب- "١٧٧- كل قرض جر نفعا فهو ربا " قال الموصلي: **لم يصح فيه شيء عن النبي** ﷺ، وفي الصحيح أنه اقترض صاعا ورد صاعين انتهى. وهذا الحديث في " صحيح مسلم " بلفظ: " اقترض بكرا ورد رباعيا " رواه مسلم برقم ١١٩ من المساقاة. وفي صحيح البخاري: "إقترض سنا ورد أفضل منها " ١١٤٧[٢٠].

وكذلك يعجبني قول العلامة ابن القيم في مسألة القرض حيث يقول :

جـ- "وأما القرض فمن قال أنه على خلاف القياس فشبهته أنه بيع ربوي بجنسه مع تأخر القبض، **وهذا غلط** فان القرض من جنس التبرع بالمنافع كالعارية ولهذا سماه النبي ﷺ **مَنيحَة** فقال : "**أو مَنِيحَة ذهب أو مَنِيحَة ورِق**" وهذا من باب **الإرفاق لا من باب المعاوضات** .. وإن كان **المقرض قد ينتفع أيضا** بالقرض كما في مسألة **السفتجة** ولهذا كرهها من كرهها والصحيح أنها لا تكره لأن المنفعة لا تخص المقرض بل ينتفعان بها جميعا "[٢١].

(ولا يخفى أن **السفتجة** هي عهد مكتوب يحمله المسافر إلى بلد ما فإذا وصل البلد توجه به إلى الرجل الذي إليه العهد فيقبض منه المبلغ المذكور في العهد وكل شيء ينتفع به يقال له سفتجة وجمع السفتجة سفاتج).

الكثير من الناس يستعمل كلمة "قرض" بدلاً من كلمة "**سلفة**"، ولابأس. غير أن كلمة "قرض" وردت في القرآن الكريم إثنتا عشرة مرة **كلها** في معنى **القرض الحسن لله**، والذي سيضاعفه الله للمقرض. فإذاً **القرض يجب أن يكون لوجه الله، وعلى المقرض أن يحتسب أجره على الله** إذ أنه يفرج كربةً من كرب الدنيا على محتاج. فلربما كشف الله عنه كربة أو كربا من كرب الدنيا قبل الآخرة. والقرض بعينه سيرد إليه إنشاء الله عندما يكون المقترض في غير حاجته؛ إذ كثيرا ما يكون الوفاء عند الوجوب غيره عند بدء القرض حيث يبدأ الاستقراض بأجمل كلمات الوعود. وطول فترة القرض فإن المقرض يكسب ثواباً تراكمياً لا يعلم مقداره إلا الله سبحانه وتعالى. أما **السلفة** فهي غالباً ماتكون من مال قدم **لغرض محدد وجهة معينة ولأجل معروف**، وعند الوجوب فإن الدائن يلح على المدين بالوفاء دون أي إبطاء. والسلفة قد تجلب بعضاً من ثواب القرض، لكن الذي قدمها للمستسلف يرجو عوضها **برمتها وزيادة عينية بعد حلول أجلها**. وتلك الزيادة تكون **عوضاً عن مافاته من مردود إستثماري أو تآكل في القيمة الشرائية** لمجموع ذلك المال بعد فترة العقد. **والسلفة** أنواع مختلفة. فهناك السلفة "**الإستهلاكية**" و "**الإستثمارية**". فالتي تصرف لتشييد أو إنجاح المشاريع تسمى إستثمارية. أما التي تستهلك لسد بعض حوائج المستسلف فتسمى إستهلاكية.

٣٦- **هناك " أحاديث " لا أصل لها أو لا تصح** عنه ﷺ ولكن الناس يتداولونها وكأنها صحيحة!! وخلاصة القول أن الكثير من الناس ينطلقون من **مقاييس فاسدة** ويبنون عليها. وغني عن البيان أن ما بني على فاسد فهو فاسد. والبلوى - نسأل الله العافية والسلامة - أن كثيرا من الناس يقعون فريسة لتلك المباني والمقاييس الفاسدة إما **لسوء تطبيق للقياس الشرعي الصحيح** أو **دون فطنة مطلوبة**، أو **لمماحكة لدودة**، والمصيبة المصيبة أنهم **يشيبون ويشبّون على تلك المباني والمقاييس الفاسدة**، نعوذ بالله من ذلك، ولكن والحمد لله رب العالمين فإن الشارع حرم وحلل من **عنده** وليس بناء على كثرة أو حتى أكثرية. وصدق الحق:

﴿وإن تطع أكثر من في الأرض يضلوك عن سبيل الله﴾ سورة آل عمران :١١٦.

وقال عز من قال :

﴿قل لا يستوي الخبيث والطيب ولو أعجبك كثرة الخبيث﴾ سورة المائدة :١٠٠.

وهناك فئة رابعة كبيرة وخامسة صغيرة لا تنطلي عليهما الأحاديث الباطلة أو التي لا أصل لها؛ وهما فئتان طيبتان على صراط مستقيم غير أن منظورهما للربا **يتطابق في الإجمال والكليات ويختلف في التفاصيل والفرعيات.**

وغني عن البيان أنه **لاتنطبق** الآيتان الكريمتان أعلاه على الفئتين المختلفتين؛ ذلك أن كل واحدة منهما فئة مؤمنة وإن شاء الله **على هدىً من الله وصراط مستقيم، فهي مجتهدة إما بأجر أو أجرين.** وهما طائفتان طيبتان تدعوان إلى سبيل الله ولكن كل واحدة بما أراها الله. **والقصد كل القصد أن الكثرة والقلة في مسألة الحلال والحرام لاتغني من الحق شيئا**، والله المستعان. يقول الصحابي الكبير ابن مسعود رضي الله عنه، "**الجماعة ما وافق الحق وإن كنت وحدك**"[٢٩].

والناس جبلوا إما على **التيسير** أو على شيء من **التشديد**. فهؤلاء شعارهم "**يسروا ولا تعسروا**". وهؤلاء شعارهم "**الحيطة أبرأ للذمة**" وكل بما لديه على أتم الرضى. فلربما انطبق على هؤلاء قول الخليفة الثاني عمر بن الخطاب رضي الله عنه أنهم تركوا "تسعة أعشار الحلال مخافة الربا". وهذا جميل من هؤلاء طبقا **لما انعقد في نفوسهم**، إما لأنهم **ألفوا من حولهم بهذا الاعتقاد منذ طفولتهم فشبوا عليه ورضوا به**، أو أنهم **جبلوا على ذلك**. وأولئك ينطبق عليهم حديث أنس رضي الله عنه المذكور في صدد **الحذر والتحذير من التشدد، مخافة أن يتشددوا فيشدد الله عليهم بالقدر أو مفاهيمهم للشرع بأكثر من الحذر** (الفقرة ٢١-ب). وفي كل خير إن شاء الله.

* * *

٣٧- والقول الفصل أنه من السهل على أي عاقل أن يميز بين الطيب والخبيث ولكن يصعب على كثير من الناس التمييز **بين الخبيث و الأخبث** ومن ثم التحفز والمبادرة **لمحاربة الأخبث أولا**. و في هذا الصدد يعجبني قول ابن قيم الجوزية في روايته لما سمعه من أستاذه وشيخه شيخ الإسلام ابن تيمية تغمدنا الله وإياهما برحمته قال :

"وسمعت شيخ الإسلام ابن تيمية قدس الله روحه ونور ضريحه يقول : مررت أنا وبعض أصحابي في زمن التتار بقوم منهم يشربون الخمر فأنكر عليهم بعض من كان معي فأنكرت عليه وقلت له : إنما حرم الله الخمر لأنها تصد عن ذكر الله وعن الصلاة، وهؤلاء يصدهم الخمر عن قتل النفوس وسبي الذرية وأخذ الأموال فدعهم." [٢٢].

كذلك فإنه ليس من السهل على كثير من الناس الأخذ **بأهْوَن الشرين أو أحسن الحسنين**.

✸ ✸ ✸

٣٨- هذا من جهة، ومن أخرى معلوم لدى الجميع أن **الشريعة الإسلامية سمحة كلها** -وقال تعالى: ﴿ وما جعل عليكم في الدين من حرج ﴾ الحج:٧٨. ومعروف أن الرسول ﷺ قال "**يسروا ولا تعسروا**".

ومن جهة ثالثة لو كان ديدننا الحرص كل الحرص بالنسبة للمسائل التي يظهر فيها **الخلاف أو الاختلاف** أن نقيسها **مقياسا شرعيا صحيحا**، أي أن تكون الصورة المحرمة بالقياس **مساوية من جميع الوجوه** للمنصوص على تحريمه، كما قال الفقيه الكبير الإمام إبن قيم الجوزية رحمه الله، وقوله **صدق وحق قمين أخذه بعين الرضا و الإعتبار**، أقول لو توخينا هذه القواعد الثلاث لضيقنا تلك الفوارق الكبيرة والأبوان الشاسعة التي تكاد تمزق الجمع والجميع وتفرق كلمتهم وتفشي بينهم الشحناء بل **أحيانا الشنآن**، نعوذ بالله من ذلك ونسأله العافية والسلامة -آمين. اللهم ألّف بين قلوب المسلمين واجمع كلمتهم على ما تحبه وترضاه يا رب العالمين.

✸ ✸ ✸

٣٩-ومن سماحة الشارع الحكيم أنه **رخص فيما منع عند الحاجة**، فمثلاً رخص في **العرايا**، وذلك ليتسنى لمن **يحب الرطب ويرغب في استبداله بتمر متوفر عنده**. وواضح أن هذه **ليست حالة إضطرارية**. لكن سماحة هذا الدين المبني على مبدأ الحديث الشريف : "**يسروا ولا تعسروا**" **أباحت الممنوع للحاجة إليه** تيسيرا للعباد. فهل بذلك نرعوي؟

جاء في "**مصادر الحق في الفقه الإسلامي**":

"ويتبين من ذلك أنه جاز التفاضل بين التمر والتمر (الرطب) في بيع العرايا للحاجة، فإن المشتري يعطي من التمر مثلما يؤول إليه ما في النخل من الرطب عند الجفاف. وغني عن البيان أن التعادل التام بين ما أخذ المشتري من الرطب وما أخذ البائع من التمر غير ممكن فإن التقدير إنما يكون بالخرص - أي التخمين - فاحتمال التفاضل كبير ومع ذلك جاز للحاجة وبنص الحديث الشريف" [٢٣]. (أنظر الفقرة ٢٧-ج لمزيد من التراخيص).

ولا يغيب عن البال أن الرسول ﷺ قد سأل وهو بالجواب لا يجهل: "**أينقص الرطب إذا يبس، قالوا: نعم. فنهى عن ذلك. وفي رواية قال: 'فلا'** "[٣٠] **ولكن عند الحاجة رخص فيها** ﷺ.

✸ ✸ ✸

٤٠- والآن نعود للإجابة على السؤال الذي أجلنا الإجابة عنه وهو:

لماذا ياترى في أمر الربا نرى أكثر الناس يتخذون ويعتمدون المعنى **اللغوي** لكلمة الربا ويهملون ما فصل الكتاب والسنة، اعتقادا منهم أن عملهم هذا من **باب أولى وللاحتياط أوفى**. إن مثل هذا القول يثير السؤال التالي : لماذا لايؤخذ ويعتمد المعنى الذي يمكن أن نطلق عليه المعنى **الشرعي** ثم **يحتاط ضمن إطاره** ؟ لماذا نطلق عليه المعنى **الشرعي**؟ أولا تمييزا للمعنى **اللغوي**، وثانيا **وأهم للأخذ والتركيز على معنى آخر يتمخض ويشكل معنى الضعف والتضعيف** تشخيصا لما في الكتاب والسنة. أما إن كان ما يتخذ أكثر الناس في معنى الربا من باب **الاختلاط** أي أن الأمر مختلط بعض الشيء في أذهانهم، أو **الاحتياط** على وجه من وجوهـــه، فإن ذلك يكون مصداقا **لفراسة** من عمر بن الخطاب ﷺ (انظر الفقرة رقم ٣) وتأكيدا لصدق حديث المصطفى ﷺ (وهو الصدوق أبدا) :

"إن الله جعل الحق على لسان عمر وقلبه" [٢].

فهذا الاختلاط أو الاحتياط **سيبقى بين الأمة على ما يظهر إلى قيام الساعة**، والله أعلم.

✸ ✸ ✸

٤١-يتضح مما سلف ذكره أنه في موضوع الربا **يقرّ** كل من شهد أن لا إله إلا الله وأن محمدا رسول الله **بتحريم الربا تحريما قاطعا لا لبس فيه ولا التباس ولن تجد لذلك فردا مخالفا.** هذا من جهة، ومن جهة أخرى **يقع الخلاف** عندما نحاول أن **نعرف ونعين** -أي نفصل ما لا بد منه- **ما هو الربا؟ فهنا تجد فروقات شتى** بينا جلها فيما ذكرنا آنفا. وعليه فإن الناس أجمعين قد انقسموا إلى **فئتين رئيسيتين أكثرية وأقلية**، فالأكثرية **تجمل وتوسع** نطاق الربا؛ وأقلية **تحصر وتضيق** نطاقه. فيا أيها القاريء العزيز إذا سمعت قولا **يخالف الأكثرية** فلا تجنح مسارعا برمي القائل بأنه "ربوي" أو **داخل في الربا المحرم**. فإن أقل ما يقال في ذلك أنه **حتما يؤذي المتهم وحتى بعض السامعين المنصفين الذين هم لعهد ربهم بالشهادة و الحق هم دوما ناطقين**. و المتهم إنما هو أخ لك في الإسلام، والرسول ﷺ قال : "**من آذى مسلما فقد آذاني ومن آذاني فقد آذى الله**"[٣١]. وطبعا لا يرضيك أن تكون ممن آذى الله ورسوله؛ ذلك إن الله توعد هؤلاء المؤذين باللعنة والعذاب المهين في الدنيا والآخرة وحملهم بهتانا وإثما مبينا -نعوذ بالله من ذلك. قال تعالى :

﴿إن الذين يؤذون الله ورسوله لعنهم الله في الدنيا والآخرة وأعد لهم عذابا مهينا﴾ سورة الأحزاب:٥٧

وقال تعالى ﴿والذين يؤذون المؤمنين والمؤمنات بغير ما اكتسبوا فقد احتملوا بهتانا وإثما مبينا﴾ سورة الآحزاب:٥٨.

إذا تريث ولا تعجل؛ إن **ماهية** الأمر **موضع خلاف** وفيه ما فيه؛ وهذا الأمر قد **استشكل** على عمر بن الخطاب ﷺ، "**وعلى كثير من أهل العلم**" وغيرهم، وعمر هو عمر كما تعلم. وأقوال العلماء الأفذاذ على مر العصور وإلى أن يرث الله الأرض ومن عليها في هذا الصدد ستظل **كثيرة ومتشعبة**؛ ولا يغرنك أن الكثرة في جهة والقلة في أخرى، هذا إن كانت القسمة كذلك. ذلك أن **الحلال والحرام ليس بتشريع من قبل كثرة أو حتى أكثرية**، **بل هو من الشارع الحكيم** الذي حكمته تفوق كل البشر. فلعلهم أدركوا شيئا في يومهم هذا وغيره في غدهم ذاك. إن الرسل والأنبياء والعلماء والمصلحين **هم قلة وهذا لايحط من شأنهم بل هم عند ربهم والمؤمنين في مقعد صدق ومكانا عليا**. والشارع الحكيم الذي قد **فصل لنا** ما حرم علينا وإن كان **منا من لايرى "التفصيل" كما يراه غيره**، فإن الله خلقنا مختلفين وجعلنا أفرادا متباينين، ولكنه شرع لنا **وأمرنا بإحترام بعضنا البعض ونهانا أن نسخر من بعضنا البعض**:

﴿ لا يسخر قوم من قوم عسى أن يكونوا خيرا منهم ﴾ الحجرات:١١.

كذلك **نهانا أن نلمز أنفسنا أو نتنابز بالألقاب أو أن نظن ببعضنا الظنون**؛

﴿ ولا تلمزوا أنفسكم ولا تنابزوا بالألقاب ﴾ الحجرات:١١

وقال عز من قائل:

﴿ إن الظن لايغني من الحق شيئاً ﴾ النجم: ٢٨.

﴿ إن بعض الظن إثم ﴾ الحجرات:١٢.

بل إن الشارع **حثنا وأمرنا أن نسالم بعضنا ونتراحم فيما بيننا ونتواضع لبعضنا**:

﴿واخفض جناحك للمؤمنين﴾ سورة الحجرات:٨٨.

فهلا نرعوي، وبقوله تعالى نهتدي، وبسنة رسوله نقتدي، اللهم آمين.

✸ ✸ ✸

٤٢- إن الذي دفعني لهذا البحث عوامل عديدة، منها:

(أ) يقول عز من قال: ﴿ومن أظلم ممن كتم شهادة عنده من الله...﴾سورة البقرة:١٤٠.

(ب) وحديث المصطفى ﷺ عن عبد الله بن عمرو بن العاص ﷺ أن النبي ﷺ قال: "بلغوا عني ولو آية..." (٣٥).

والمسلم إذا علم شيئا ووجد ما يوجب تبليغ علمه فواجبه أن يفعل وأنا أعتقد جازما الذي يرمي أخاه المسلم بفاحش من القول -كأن يتهمه بالربا -منكر وأي منكر وتبليغي هذا هو جزء من محاولة لتغيير هذا المنكر بما قدر لي ربي من العلم والطاقة. اللهم اشهد أني بلغت ولك الحمد والشكر.

(جـ) وحديث: "من آذى مسلما فقد آذاني، ومن آذاني فقد آذى الله"[٣١].

(د) إنني من الذين **يتأذون من سماع مسلم يتهم مسلما بفاحش من القول أو رميه بكبيرة من الكبائر دون بينة حقيقية ماثلة** -أي أن **الاتهام بالأقوال دون المطلوب من البرهان لمما أتقزز منه**. وعليه عندما سمعت ما سمعته مع كثير ممن شاهد ذلك البرنامج التلفزيوني من أحد الدهماء يهاجم أحد الفقهاء وهو فضيلة الدكتور محمد سيد طنطاوي مفتي الجمهورية العربية سابقا ورئيس الأزهر الشريف حاليا، ويرميه بأنه "**أحل الربا وحرم البيع**"! وهذا الاتهام جاء عندما سئل فضيلة الدكتور الفقيه بالسؤال التالي: أحد البنوك يعطي ٧٪ وآخر ٩٪ كربح على أي مال يودعه صاحبه في البنك ويرغب ربحا صافيا. أي بنك يجب أن يودع عنده؟ أجاب ذلك الفقيه مثل قرنائه الكثيرين على مر العقود والقرون، أقول أجاب قائلا : إذا تساوت الأمور الأخرى فيجب أن يودع في البنك الذي يعطي ٩٪. وما هي إلا دقائق حتى جاء ذلك الاتهام. وهذا اعتساف وافتراء أشِر في حق أي مسلم، فما بالك عندما يكون ذلك المسلم **فقيها ومن خير من يدعون للدين الحنيف وفهمه على أسس سليمة والأخذ بمقاييسه الصحيحة. فهو مجتهد، وله أجر أو أجران.**

(هـ) لكل إنسان الحق في المعارضة **الموضوعية، أما الإتهام بلا بينة وبرهان فلا**. والبينة والبرهان ليس هما بالعموميات من المعارض- من **منظور شخصي أو مفهوم تقليدي جرت العادة أو الكثرة على الأخذ به**. بل المطلوب هو **تفنيد** حجة المدعى عليه **حجة بحجة** من الكتاب والسنة، **لا بوجهة نظر** سلاحها **التقليد والتهويل**. إن هذا لدين ولا يصلح له وفيه إلا الصالح **المكين أمام كل تحليل بمنطق سليم.**

(و) هنا رأيت أن **أنصح** من يريد النصح بأن **لا يتهم أحد أيا من إخوانه** المسلمين بالربا، **وما أكثر من يتهم غيره بالربا في أيامنا هذه** -نسأل الله العافية والسلامة. ولأن تيار الاتهام **جارف وبكثير منحرف** -نعوذ بالله من ذلك- فعمدت أن أقدم البرهان بما يسر لي ربي من العلم والبيان لأصحابي وكل مسلم من بني الانسان. ومن هنا جاءت هذه الرسالة. فعسى أن ينفع الله بها كل منتفع ويدفع عنا الربا والزنا والزلازل والمحن ويصلح لنا أمور ديننا ودنيانا ويجعلنا ممن يستمعون القول فيتبعون أحسنه، والحمد لله رب العالمين.

(٧) **ولا يحق لكائن من كان التشهير بأي مسلم عالم أو متعلم، همزه أو لمزه ولا سوء الظن به ولا الهزء به** -خصوصا في العلن كما أن يكون في المذياع أو التلفاز، أو على صفحات المجلات، والجرائد أو الكتب والمنشورات، **أو بالغيبة، أو باللغو بين الناس**. فإن كان الشخص المعارض **ممن أوتي من العلم شيئا فهذا عليه واجب المناصحة** على أن تكون **إقتداء بالتوجيه الرباني الكريم**، حيث قال عز من قال:

﴿قل إنما أعظكم بواحدة أن تقوموا لله مثنى وفرادى ثم تتفكروا ...﴾سورة سبأ:٤٦.

ذلك أن تلك الطريقة **الثنائية (لا الجماعية) أدعى للتفكير وأجدى للوفاق** بين الطرفين حيث أنهما يجب أن يقارعا **الحجة بالحجة** بعيدا عن أي مسمع أو مرأى من الناس -حتى **يقل إن لم نقل يرتفع الحرج بينهما** نتيجة لما يفكر كل منهما لما عسى أن يحكم المستمعون/المشاهدون بين الفكرة والفكرة والحجة هذه أو تلك ومن "الغالب ومن المغلوب" ومن هو "الأشطر" في الأداء أو المحاجة و ... و ... من **تلك التأثيرات "الخارجية"** التي تعمل عملها **السلبي** في الأمور الفكرية. ذلك إن فكر الإنسان قد يتغير في لحظة أو يظهر له شيء في لحظة أو أنه يكر ويفر حول فكرة معينة، أو يقول شيئا **لم يقصده** أو **يقصد** شيئا **لم يوفق في التعبير عنه** لسبب أو لآخر لكنه لا زال في خاطره ويعمل عمله في نفسه؛ وهذا بين المتحاجّين لا بأس به، أما إن كان على **مسمع ومرأى من الملأ أو حتى بعضه** فلا محالة أن **سلبية الموقف ستطغى** وبعيدا أن يوفق الإثنان أو يفكرا كما يتاح لهما عندما يكونان **مثنى أو فرادى**. كذلك أن تبادل الأفكار يكون أثرى **وأكثر قبولا** من الجانبين في **الخلوة** بينهما خصوصا عندما يكون **الأمر لوجه ا لله إحقاقا للحق** فلا محالة أن ا لله إن شاء ا لله سوف يهديهما ويزيدهما هدى لأنهما **تدارسا لتبيان مراده والعمل بحكمه.**

* * *

٤٣- وأخيرا حري بك أيها الأخ المسلم أن **لا** تكون ممن لا يرقبون في بعض إخوانهم المسلمين إلا ولا ذمة أو يسارعون في رميهم بأقبح الأوصاف وأشنع الأقوال، ورمي أي إنسان مسلم بالربا **كبيرة من أشد الكبائر**. هل تستطيع أن تتصور لو أن أحدهم رماك بالربا، ما هو موقفك؟ إنك تغضب وتثور ثائرتك، وهذا حقك، خصوصا عندما تستحضر لعنة ا لله ورسوله وحرب من ا لله ورسوله ضد المرابي **وخلوده في النار** يوم يقوم الحساب. فمن يقوى على ذلك أو حتى يتصوره؟ اللهم أعذنا من ذلك كله. إذاً كن **لين القول ولا تعتسف**، حصيفا وقورا كي تكون بلا أسف. إحفظ لسانك من الزلل ضد إخوانك المسلمين حيث أن ا لله ينتقم لهم ممن ظلمهم ولو بأقل القليل.

والسلام على من اتبع الهدى وصلى ا لله وسلم على نبينا ورسول الهدى محمد بن عبدا لله وعلى آله وأصحابه والتابعين ومن تبعهم إلى يوم الدين، والسلام علينا وعليكم ورحمة ا لله وبركاته آمين.

عبد العزيز بن فهد المبارك

٤٤- ملحوظة :

أخي القارئ العزيز:

إن كنت ممن لديه ملاحظة فأرجوك أن لا تبخل بها، فاني أراك من المحسنين.

تعلم أن موضوعنا هذا شائك. فعمومياته للكل معروفة، وخصوصياته للأكثر مجهولة. ولكل من يريد أن يدلي بدلوه فيه، عليه أن يبدأ بتقوى الله: فلا يهمز ولا يلمز ولا يظن سوءا ولا ينابز وليتذكر دوما قول الحق ﴿ ويل لكل همزة لمزة ... ﴾ ﴿ ولا تنابزوا ... ﴾ ﴿ إن بعض الظن إثم ... ﴾.

فإن كنت معترضا - فعلى الرحب والسعة وهذا حقك ولا ريب. إنما أرجوك أن تحرص كل الحرص أن تتقيد بما جاء في النصوص المذكورة في هذه الرسالة. ولا تجهد نفسك بترداد كل متفق عليه من الأقوال المعروفة أو المأثورة. خذ حجة بذاتها و قارع الحجة بما يدحضها هي والقول بما ينقضه هو. ومتى استوى عندك سبيل الصواب وظهر لك الحق بما ليس فيه أي ارتياب، فخذ بما أراك الله، تيقن ثم اصدع به فإنك لا شك (إن شاء الله) بأجر أو أجرين. فكلنا للحق تائقون وعن سبيل الصواب باحثون. والحمد لله رب العالمين والصلاة والسلام على سيد المرسلين، آمين.

بحمد الله تم

حرر في الخبر بتاريخ ١٤١٧/١٢/٨هـ

الموافق ١٩٩٧/٤/١٥م

الهوامش

[1]: أنظر صفحة ٥٨١ من **تفسير إبن كثير** – المجلد الأول، دار الأندلس بيروت ١٩٨٤م

[2]: رواه الترمذي (٢٩٣/٢) قال عنه الألباني صحيح. انظر الصحيحة (٣٢٧/١). كذلك انظر صفحة ١٥٤ من "عبقرية عمر" لعباس محمود العقاد – منشورات المكتبة العصرية، لبنان.

[3]: رواه الترمذي وهو حديث حسن.

[4]: انظر صفحة ٤٧٧ من المجلد الثامن من "**المحلّى**" لابن حزم – منشورات دار الآفاق الجديدة، لبنان.

[5]: انظر صفحة ٥٩ من الجزء الثاني من تفسير الطبري – دار المعرفة، لبنان.

[6]: انظر صفحة ٢٢٢ من الجزء الأول من كتاب "**الزواجر**" لابن حجر – دار المعرفة، لبنان.

[7]: انظر صفحة ٥٢ من الجزء السادس من كتاب "**المغني**" لابن قدامة – هجر للطباعة والنشر والتوزيع والإعلان، القاهرة ١٩٨٩م.

[8]: انظر صفحة ١٦/١٥ من الجزء الأول من كتاب "**أعلام الموقعين**" لابن قيم الجوزية – دار الكتب العلمية، لبنان.

[9]: انظر صفحة ١٤ من الجزء الأول من كتاب "**أعلام الموقعين**" لابن قيم الجوزية – دار الكتب العلمية، لبنان.

[10]: انظر صفحة ٥٤/٥٣ من الجزء السادس من كتاب "**المغني**" لابن قدامة تحقيق د. عبد المحسن عبدالله التركي و د. عبد الفتاح محمد الحلو – هجر للطباعة والنشر والتوزيع والإعلان ١٩٨٩م.

[11]: انظر صفحة ٤٩٢ من المجلد الثامن من كتاب "**المحلّى**" لابن حزم – دار الآفاق الحديثة، لبنان.

[12]: انظر صفحة ٥٢ من المجلد السادس من كتاب "**المغني**" لابن قدامة تحقيق د. عبد المحسن عبدالله التركي و د. عبد الفتاح محمد الحلو – هجر للطباعة والنشر والتوزيع والإعلان ١٩٨٩م.

[13]: انظر صفحة ١٢/١١ من المجلد الثالث من كتاب "**أعلام الموقعين**" لابن قيم الجوزية – دار الكتب العلمية، لبنان.

[14]: انظر صفحة ١٠٥/١٠٤/١٠٣ من المجلد الأول من كتاب "**أعلام الموقعين**" لابن قيم الجوزية – دار الكتب العلمية، لبنان.

[١٥] : انظر صفحة ١٠٧-١١١ من المجلد الثاني من كتاب "**أعلام الموقعين**" لابن قيم الجوزية - دار الكتب العلمية، لبنان.

[١٦] : نفس المصدر السابق.

[١٧] : انظر صفحة ٦٥/٦٤ من المجلد السادس من كتاب "**المغني**" لابن قدامة تحقيق د. عبد المحسن عبدالله التركي و د. عبد الفتاح محمد الحلو - هجر للطباعة والنشر والتوزيع والإعلان ١٩٨٩م.

[١٨] : انظر صفحة ٤٣ من الجزء الثالث من كتاب "**مصادر الحق في الفقه الإسلامي**" للدكتور عبدالرزاق السنهوري - دار الفكر للطباعة والنشر والتوزيع.

[١٩] : انظر صفحة ٣٣٩ من "**المحلى**" لابن حزم - دار الآفاق الحديثة، لبنان.

[٢٠] : انظر صفحة ٢٠ من الجزء الأول من كتاب "**جهاد رفع بلوى الربا**" لمحمد خاطر الشيخ - مطابع الأهرام، مصر.

[٢١] : انظر صفحة ٢٩٥ من الجزء الأول من "**أعلام الموقعين**" لابن قيم الجوزية - دار الكتب العلمية، لبنان.

[٢٢] : انظر صفحة ١٣ من المجلد الثاني من "**أعلام الموقعين**" لابن قيم الجوزية - دار الكتب العلمية، لبنان.

[٢٣] : انظر صفحة ٢٧ من الجزء الثالث من "**مصادر الحق في الفقه الإسلامي**" للدكتور عبد الرزاق السنهوري - دار الفكر للطباعة والنشر والتوزيع.

[٢٤] : أنظر صفحة ١٧٥ من الجزء الثاني من "**أعلام الموقعين**" لابن القيم. دار الكتب العلمية بيروت- لبنان.

[٢٥] : انظر صفحة ٤٧ من الجزء السادس من "**الفقه الإسلامي وأدلته**" للدكتور وهبة الزحيلي - دار الفكر للطباعة والتوزيع والنشر، دمشق الطبعة الثانية ١٩٨٥م.

[٢٦] : انظر صفحة ٥٧-٥٨ من كتاب "**فوائد البنوك هي الربا الحرام**" - دار الوفاء الطبعة الأولى ١٩٩٠.

[٢٧] : انظر صفحة ٥٦ من المجلد السادس من كتاب "**المغني**" لابن قدامة تحقيق د. عبد المحسن عبدالله التركي و د. عبد الفتاح محمد الحلو - هجر للطباعة والنشر والتوزيع والإعلان ١٩٨٩م.

[٢٨] : انظر كتاب دراسة حديث "**نظر الله امرأً سمع مقالتي...**" رواية ودراية، عبد المحسن بن حمد العباد، مطابع الرشيد بالمدينة المنورة.

[٢٩] : رواه ابن عساكر في "**تاريخ دمشق**". قال الألباني بسند صحيح عن -المشكاة ٦١/١ الطبعة الثانية -المكتبة الإسلامية ببيروت.

[٣٠] : انظر صفحة ٥٦ من المجلد السادس من كتاب "**المغني**" لابن قدامة تحقيق د. عبد المحسن عبدا لله التركي و د. عبد الفتاح محمد الحلو – هجر للطباعة والنشر والتوزيع والإعلان ١٩٨٩م.

[٣١] : انظر الحديث رقم ٨٢٦٩ من "**الجامع الصغير**" للإمام السيوطي يرحمه ا لله.

[٣٢] : إنظر صفحة ٢٥٥/٢٥٤ من المجلد رقم ١ من "**إغاثة اللهفان في مصائد الشيطان**" لابن قيم الجوزية – المكتب الإسلامي في بيروت ، دار الخاني بالرياض.

[٣٣] : أنظر صفحة ٢٠٧/٢٠٦ من المجلد رقم ١ من "**إغاثة اللهفان في مصائد الشيطان**" لابن قيم الجوزية – المكتب الإسلامي في بيروت ، دار الخاني بالرياض.

[٣٤] : أنظر صفحة ١٢٠ من الجزء الرابع من "**أعلام الموقعين**" لابن قيم الجوزية – دار الكتب العلمية ، لبنان.

[٣٥] : رواه البخاري في الجزء السادس من صحيحه صفحة ٣٦١.

[٣٦] : أنظر ص٨٥٩ من الجزء الأول من كتاب "**مشكاة المصابيح**" للعلامة محمد بن عبدا لله الخطيب التبريزي، تحقيق العلامة محمد ناصر الدين الألباني، المكتب الإسلامي -بيروت ١٩٨٥م.

[٣٧] : أنظر صفحة ٨٦٠ من نفس المصدر <٣٥>.

[٣٨] : صفحة ٧٩ من كتاب "**نظرات في الإجماع الأصولي**" دار النفائس للنشر والتوزيع – الكويت ١٩٩٠.